宙《そら》が教える
「受け取る」の仕組み

Mana

晋遊舎

「空《くう》」と「弥栄《いやさか》」について…（はじめに）に代えて

これまでの私の著書の中でもたびたび触れている「空《くう》」と「弥栄《いやさか》」。とても大事なことで、これからお話しすることの基本なので、ここでもう一度お話ししておきたいと思います。

「空《くう》」とは何か

万物の根源、すべての物質の原点、あらゆる「いのち」の発生源、それを仏教用語で「空《くう》」と呼び、古事記では「あめのみなかぬし」と呼び、一般的には「天」ということもあります。

もちろん発生した段階では、暗闇の中でまだ形もなく、物質ではない状態です。ところが、ある瞬間、「空《くう》」そのものが、まだ物理的ではない自分自身の存在をはっきりと感覚的に認識し、自分自身の存在を明確に【自覚】し始めました。これが【覚醒】です。

「ん!?　形として見えるわけではないけれど、今ここに『自分』という何かが確かに存在するぞ！」ということに気がついた、というわけです。
「空《くう》」がこの自覚を持ったとき、相変わらず暗黒ではあるけれど、物理的な空間が生まれました。この「空《くう》」から「最初の欲求（最初の意志）」が生まれました。「空《くう》」の最初の意志が発動したわけです。

一体、どのような「意志」であったのでしょうか？

じつは、これこそが、〝【弥栄《いやさか》】の「意志」（＝弥栄《いやさか》の欲求）〟だったのです。

「弥栄《いやさか》」とは何か

【弥栄《いやさか》】とは、一言で申せば、【全体繁栄】ということになります。万物万我が何一つ漏れることなく、何一つ欠けることなく繁栄することをいいます。

「空《くう》」（＝天）から発動された【弥栄《いやさか》の意志】ということで、「天の意志」すなわち「天《あ》意《い》」ともいいます。

「天《あ》意《い》」はまた、「神」とも呼ばれます。みなさんの中には、神社を訪れた際に、「神ながらの道」という言葉を目にしたことがある方も多いでしょうが、これは「万物繁栄のための意志を実践して、人生を歩む」ということなのです。

そして、【弥栄《いやさか》の意志】によって、万物の源である「空《くう》」から、無数の「光（素粒子）たち」が四方八方にばらまかれ、輝き始めて、惑星や動植物などの目に見える個々の物理的な形となりました。

最初の頃は、混沌とした状態の「光たち」でしたが、先ほどお話ししたように、覚醒し、徐々に「光たち」全体が【秩序】を保ちながら調和していき、ともに発展繁栄を始めて、宇宙全体が栄えて拡大成長していったのです。

この完全完璧な【秩序】は、「空《くう》」の中にすでに定められてあるものでした。覚醒し、自覚を持ったとはいえ、ここに全体全員がしたがうからこそ、無理なく【全体繁栄】できたのです。

ところが、元気に飛び散った「光たち」は、やがて「ひと」という「いのち」の存在になったときから、各自が自分のことだけを優先した欲求を持ち始め、【全体繁栄】のための【秩序】からずれて、全員の調和が乱れていくことになりました。

多くの「ひと」が、自分が優先となり、自分の繁栄だけが主眼となり、【弥栄《いやさか》の欲求（天意《あい》）】から大きく外れることになったのです。

でも、もともと、私たちの原点は【弥栄《いやさか》の意志】から生まれています。

２０１２年末～２０１３年にかけて、政治、経済、自然科学……、世界中のさまざまな分野で、世の中の流れを大きく変えるような出来事が起こりました。

それは【秩序】の乱れを疑問に感じ、もとの素晴らしい調和に戻そうという思いが、ふつふつと「ひと」の心の深い奥から湧きあがってきたことによる、当然の成り行きでした。心の原点回帰（＝アセンション）をしたくなったのです。

２０１３年以降、各自の欲求を、【天の意志】に合わせ直して、もう一度【弥栄《いやさか》】なる世界をつくりなおす時代に入ってきているわけなのです。

地上での「神界づくり（楽園づくり）」は、ようやく始まったばかりです。

これらの事実に気がつき、自分の自由意志でもって、全体繁栄、弥栄《いやさか》のための「神界づくり」を始めることができる「ひと」こそ、運気の流れが格段に変化するのを実感できるはずです。

２０１３年５月　　Ｍａｎａ

宙《そら》が教える「受け取る」の仕組み――目次

第2章　思考と言葉

第3章　願望

第4章　豊かさ

第5章　良い・悪い

第6章　私と宇宙の真理

雲 黒斎×Mana Special対談
愛と感謝と喜びの時代が来ている

装丁　浮須芽久美（フライスタイド）
カバー写真　©アマナイメージズ
人物写真　大根篤徳
本文風景写真　浮須五郎（フライスタイド）

第一章　「今ここ」に、あるということ

未来を良くしたいのなら「今ここ」だけを生きればいい！

長い間、私たちの頭は錯覚をしてきました。

時刻や月日は直線でつながっているというイメージや、自分の未来は〝向こう〟のほうに漠然と、【なんらかの状況】となって待っていてくれるというイメージがありませんか？

漠然と待ってくれている未来は、もやもやしていてハッキリしないから、「頭」にとってはなんとなく怖い……。

怖いからこそ、「こういう未来にしたい！」「こうであってほしい！」と希望や願望をいだき、努力奮闘する。

でも、その、今より少しはマシな楽しい未来とやらは、「今ここ」の自分はさほど楽しくないという思いからの、希望的観測なのではないですか？

「今ここ」がさほど充分に好きではないから、どうにかして〝あちら〟の未来はもっと良くなってくれれば、と願っているのではないですか？

宇宙の本質は、より発展し繁栄していくというものですが、これは、〝向こう〟や〝あちら〟のほうが「今ここ」と比較してだんだんと素晴らしくなっていく、という意味ではありません！

もちろん、そのような側面も含みますが、でも、そういう比較での【より繁栄する】ではないのです。

「今ここ」も「次なる今ここ」（未来）も、両方ともがそれぞれ完全に繁栄しており、いつも豊かで、いつも自他ともに喜べる状態であることが宇宙の本質だと申し上げたいのです。

そして、毎瞬において常に繁栄している状態は、日を重ねるごとに、生きるほどに、体験の数としてどんどん増えていくわけですから、このことが【より繁栄している】という意味なのです。

さまざまな瞬間がいつも豊かで喜べる状況だという宇宙の本質、この根本事実を知っていただき、そしてその体験をし、いつも豊かで喜べる状況だという瞬間がますます増えていくこと、これが【より繁栄している】ということなのです。

過去から未来に向かって、右肩あがりに徐々に豊かになっていく、という意味ではありません。

人間が「頭」の中で過去よりも今、今よりも未来のほうが豊かであるべき、という意味のイメージを持つことで、そういう段階的な豊かさをつくろうと頑張ってきただけです。そうすると、たとえば昔より今の貯金が減ったとなれば、「今は豊かでなくなった。不幸になった」などと「今ここ」を悪く解釈して苦しむことになるのです。

外側の一時的状況だけをとらえて比較することが、苦しみを生みます。

過去と「今ここ」を比べて優劣を決めるのは、おかしなことです。

本来、毎瞬毎瞬が唯一無二の豊かさだったのです。

常に繁栄していたのに、そこを充分に喜び楽しむという、内的表現ができなかった自分がいただけです。心が進化していない自分がいただけです。

では、どう在《あ》ればいいのでしょうか。

「今ここ」を最も充実して生きることや、「今ここ」が最も豊かだと感じて生きることが宇宙のリズムに合致することになります。

「今ここ」を最も自分らしく生きることや、「今ここ」の豊かさをかみしめて生きることが、宇宙のリズムや宇宙の秩序に合致することになります。

「今ここ」を最高最大の豊かな瞬間ととらえて生きるとき、そして次なる「今ここ」をも最高の瞬間としてとらえて生きるとき、あなたの人生は、いつでも、どこでも、最も偉大な状態になるでしょう。

心の進化、心の弥栄《いやさか》、つまりすべての【いのち】を慈しむ自分自身でなければ、物理的な豊かさや現実の繁栄は起こりようがありません。

あなたの心が「みなでともに進化繁栄しよう！」という思いで溢れているなら、あなたはもうすでに「今ここ」において「幸せな現実」を開きつつあるといえます。

「今」を満たしてくれるものは、常にあなたの内にある

「今ここ」の自分の内側に【ない！】と思うから、〝外〟へ探しに行こうとしてしまいます。

今の自分にはない、という動機から、〝外〟へ何かを奪い取りに行くゲームが開始します。

外あってのゲームになる。

外が主人公のゲームになる。

外中心のゲームになる。

外の〝条件〟に依存するゲームになる。

外の〝条件〟をゲットした瞬間の【ゲット感・達成感】を欲しがるゲームになるのです。

「一番にならないと！」（一番という条件）
「勝たねば！」（勝つという条件）
「得をしなきゃ！」（得するという条件）

こういう〝外〟に依存したゲームには、「勝てない」とか「損をする」ということも当然含まれています。

ですから、いつも至福というわけにはいきません。

これとは逆に、「今ここ」の自分が何者かを知っているなら、もともと内側に在《あ》る【源の状態】（＝弥栄《いやさか》の意識エネルギー）によって、深く満ち足りることができます。

自らの内なるものによって、「今」に満ち足りることができるのです。

こんなふうに自分が充分に満ち足りるなら、レースで何着になってもOKだし、形の上では負けていたとしても満足なのです。

でも、不思議なことに、内側が「自己肯定と他者肯定の愛」で充分に満ち溢れていると、

〝外〟の条件も整うものなのです。

なぜか、こういうときに一番になったりするのです。

「今ここ」という真新しい瞬間に満ち足りて、それを内側で充分に感じているときは、あなたは【全体意識】（神の心）となっており、すでに全部をゲットしている弥栄《いやさか》状態になっています。

この、全体を全部ゲットしている〝弥栄《いやさか》なるエネルギー状態〟を分断していくのが低次の思考なのです。

低次の思考を使うほど、弥栄《いやさか》状態や満ち足り感から遠くなり、喜びの波動が分割されてダウンしていきます。

低次の思考を用いるほど、不幸な感覚に近づいていくのです。

低次の思考は〝外〟のものを獲得するための対策本部だから、喜びを部分的にゲットすることしかできません。

思考には高次のものと低次のものとがあり、低次の思考はエゴ（個人自我）だけの願望対策本部＆部分理解であり、高次の思考は弥栄《いやさか》の意図＆全体理解です。

感謝の心が、必要なものを必要なときに与えてくれる

たった今、あなたの目の前にあるもの（外的条件）、それを本当に大切に思ってください。それが与えられたことに、心から感謝して満ち足りてください。

今あるもの、つまり、「今ここ」にそろっている外的条件だけで、今は充分なはずなのです。ですから、「今」を嘆く必要がありません。

誰かを得ようが得られまいが、何かを得ようが得られまいが、外的なことに対して「今ここ」ですぐに結論を出すことはありません。

あなたにとって必要な外的条件は、あなたが心から誠意を尽くして「受け取る」許可を降ろすだけで、完璧なタイミングで今後も無限に与えられていきます。

人の条件と比較せず、過去の自分の条件とも比較せず、すでに「今ここ」にある外的条件を喜んでくださいますよう……。

ここで、「外的条件」について、私の表現が言葉が足りなくて、誤解されるといけませ

んので改めて補足させてください。

個人の自己実現だけを願ってしまうことや、自分のことだけを考えるのが悪いといっているのではありません。個人の願いが全体弥栄《いやさか》の願いと調和していると、おのずとスムーズに叶う、とお伝えしたかったのです。

全体のことを考えて、自他ともに幸せに栄えていくことのほうを常に考えていたならば、個人的な辛い状況ばかりを、さほど長くは引きずらないはずだということをお伝えしたかったのです。

弥栄《いやさか》の意識でいるときには、いかなる状況が起こっていても【深い気づき】が湧いてきますし、その状況自体が素晴らしいギフトだと必ずわかります。

本当に心から全体の幸せを願う心になるときには、たった今の状況が何であれ、「これは辛いことだ」と短絡的に決めつける癖がなくなっていきます。

個人的な「頭」の解釈で、自分のことだけにはまり込んで悩んでいるから、だから、辛い気持ちが長引くままだとお伝えしたかったのです。

それよりも「よっしゃ！」と自分や自分の状況を褒め称えてあげて、スッキリしてください。

褒めて、褒めて、また褒めてください。

今はただ、
今日のことだけに向き合いましょう

不安になるのは、明日以降のことを考えるからです。どのみち、個人としての私たちがそれを考えても無意味なこと。それはエネルギーの無駄です。

この世はすべて、神なる叡智《えいち》（「天意《あい》」）が司っているのだから、そして、それは必ず発展繁栄する方向へと全員を運ぶ波動なのだから、今はただ「今日」のことだけ、「今」のことだけに集中してください。

あなたという個人の役割は、「今ここ」を満足して生き、世界に向けて最高の自分を表現していこうとワクワクすることなのです。

人生とは、不可能を
可能だったと発見する旅

あなたという「空《くう》」意識は、「自分は何者？」ということを知りたくて、「観察ゲーム」

を開始しました。

自分が創った現実を観て、それを確実に自らが創ったことを受け入れて「自分が何者か」を知っていく（＝叡智《えいち》にする）ゲームです。


創造性というものが、私たち【意識】の本質であり、原点であり、純粋な意図です。

この創造性という本質を高次の状態にまで拡大させること、つまり神の心になって創造していくことがあなたの深い満足につながります。

すべてを可能とする「神である自分」を知り続ける旅、それが人生なのです。

不可能だと思い込んでいたことを、可能だったと発見する旅が人生なのです。


安穏に、何事もなく、ただ生きながらえることのために、人生を創っているわけではありません。あくまでも「神である自分」の本質を知っていきたくて、現実を創るのです。

この創造性をＭＡＸまで拡大し、不可能を極限まで取り除いていくゲーム、それが、まことの人生なのです。


自分を知る……。

それは、「私って、全体のためなら、何でもクリエイト（創造）できちゃう【栄光の存在】だったんだ！」という事実を、現実を通じて思い出す作業です。

人間部分ではないところからしか、真に自由な創造性は生まれません。

あなたが「あなた自身」を何者として決定するのか、そして決定して宣言したとたん、あとはそれを証明する現実が展開し始めます。

偉大になるということは【意識】が拡大することであり、それは「神である意識」になることであり、損得勘定をしたり、明日の生活の糧の心配をすることではありません。

あなたはもともと、大いなる「空《くう》」意識です。

「今ここ」に、「すべての自分」が折りたたまれて存在しています。

あらゆる可能性の自分がギュッと詰まっているのが「今ここ」です。

もう悩みが全部解決してしまった自分もいるし、やりたいようにやり尽くして生きている自分もいます。

以前とは、まったく性格が変わってしまった自分もいます。

そのすべてが「今ここ」という「空《くう》」意識の中に（ゼロ・ポイントに）存在しています。

この中の、どの自分の鋳型を拾い出し、選び出し、宣言するのか？

今まで同様、ずーっと悩み混乱する自分を選び続けてもいい。

そういう自分に逃げ込んでいてもいい。

「何でもクリエイトできるなんて、そんなこと一部の人に可能なだけ」という意見に執着する自分を選んでもいい。

「今までずっとひどい人生だった」と、人に言い続ける自分でもいい。

「私は誰からも愛されないし、運も悪い」と、悲観する自分でもいい。


すべてがOKです！

あなたは、今ここにおいて、自分自身を何者として宣言しますか？


私たちの「頭」が気づかないところで、あなたの【意識】は日々進化し、拡大しようとしています。大いなる原点の「空《くう》」意識がそういう決意で始めたゲームだから、避けがたいことなのです。

それでも、そこに逆らって意識の「拡大成長を避ける自由意志」も持たされています。持たされてはいますが……。じつは避けるほうが、魂的にはもっと苦しい思いを味わうだけなのです。

人間的な表現を借りるなら、昨日より今日、今日より明日、意識は拡大しようと、うずうずしているのです。
もっと正確にいうと、〝さっき〟の今より〝今〟の今、その今より〝次〟の今、ということですが。

そして、本来は「空《くう》」という無限大の意識が「あなた」なので、制限された「思い込み」でいっぱいの頭だけで考えて、小さい現実だけをちょこちょこと創っていても、大きなあなたの本質は満足しない。
だから、大きな神なるあなたが満足しない状態が、一体どんな現実を創るかというと、満ち足りない周波数（オーラ）をあなたの周りに創ります。そうすると、その満足していない周波数（オーラ）が、うまくいかない現実を創り出すのです。

「ないから欲しい」「不足しているから欲しい」「得したいから欲しい」……。人間特有の、こういう【不足からの願望】をどれだけ満たそうとしても、また、たとえ願望が叶っても、「あなた」の本質は絶対に満足しません。

このゲームは「大きい本質的なあなた」のゲームであって、主導権を持っているのはそちらの側なのです。

個人自我＝人間エゴが、主導権を「神なる大きな本質」に委ねたとき、結果的には、個人自我の願望も叶ってしまうのです。

第二章

思考と言葉

みじめなときにはエゴがあり、喜びのときには真実がある

「喜び」だけが唯一の真実であり、まことであり、現実であり、宇宙です。

喜びだけが「いのち」であり、「神」です。喜びは存在の原料。自己表現の喜びこそが光であり、自己表現の喜びこそが素粒子なのです。

そして「あなた」は、その「喜び」そのもので構成されています。

でも、もしかしたら「あなた」は、「人間という部分だけ」をまだ自分だと信じ、そこに執着し、そこを手放さないままでいるかもしれません。

喜ぶ用意よりも、苦しむ用意ができています！（しかも、素晴らしく上手に！）

みじめさや恐怖・不安は、強力な「個人自我」を創っています。

みじめな瞬間や不安な瞬間は、非常に凝縮された「個人自我」の瞬間です。

みじめなとき、そこには「個人自我だけのあなた」がいます。

喜びであるとき、そこに「個人自我だけのあなた」はいません。

個人自我だけでは、喜びの本質がわかりません（だから喜びを創れません）。

個人自我の正体とは、「喜びの少なさ」から成り立っているからです。

喜びは、技法《テクニック》ではないし、哲学ではないし、理論でもないし、知識ではないし、メソッドでもありません。唯一、感じる体験によってのみ、豊かな喜びを知ることができます。

それが宇宙そのものだとわかります。

それをさまたげる「あらゆるすべての個人的思い込み」を捨てるだけです。

あなたが握りしめて手放さない観念、毎瞬毎瞬よぎっていく思考や理論や解釈は、すべて「おろかもの」なのです。

あなたが口にする言葉は、すべて宇宙への「オーダー」となる

「喜びを感じるもの（ゴール）を見つけられないのですが、どうしたらいいですか？」

このような質問を、講演会などでよく受けます。

個人セッションでも、「今のところ、特に願望というものが何もないのですが、どうし

たら見つかりますか？」というようなご相談がときどきあります。

ここで、非常に大事なことに気づいてください。

そのご質問自体が、〝言葉〟で構築されていることに！

言葉（思考も含む）はすべて、あなたに制限をかける「呪《しゅ》」です。

つまり、「空《くう》」というフリーな状態ではなく、限定していきます。その限定が現実化していくのです。

今のご自身の状況を説明なさる場合、言葉を使うわけですが、もうその段階で呪《しゅ》がかかります。

前述のような言葉は、質問のつもりが、その言葉自体が「オーダー」となり、肉体が命令を聞いてしまっているのです（頭ではなく、心で理解してくださいね！）。

「喜びを感じるものを見つけられないのですが……」

「今のところ、特に何も願望とかがないのですが……」

この言葉、もうすでに【今ここ】においてその状況を創ってしまいます。

喜びを感じるものを見つけられない、という状況を！

何も願望などがない、という状況を！

口にされた段階で、即時そうなるのです。

今、今、たった今から、その言葉がもう具現化しています。
言葉に注意！
言葉どおりに今、引き寄せています。

たとえ、昨日の自分自身の状況を説明しているつもりでも、今ふたたび同じ状況をオーダーしていることになるのです。

迷ったとき、混乱したときは〝原点〟の「空《くう》」に戻ると、物事が中立に明確になります。
復習のつもりで原点に戻ってみましょう。

◆あなたは「空《くう》」であり、観察して創造し続けている栄光の全体意識。
◆あなたは個人自我だけの存在ではない。個人自我を興味津々で観察している大きな全体意識。
常に常に飽きることなく観察して、表現しなおしているだけ。しかも批判することなく……。

以上が原点。

まず、ここにいったん戻りましょう。

そして、先ほどのような質問をした人を、仮に山田一郎さんとして、話を戻しましょう。

個人自我の山田さんが、「自分には願望が特にない」という情報（プログラム）を入力された場合、その個人自我は一体どんなリアクションを起こし、一体どういう感覚・フィーリングになるのか、「空《くう》」は観察していることになりますね。

「自分には願望がない」という思い込みがまず入力され、そして、もしかしたら「願望がわからないのは良くないことだ」という思い込みも同時に入っていたかもしれません。

「わからないことは良くない」とプログラミングされた個人自我は、早速反応し始めます。

なんとか良い方向に持っていこう、というリアクションの開始です。

そのとき、「自分自身ではわからないから、誰か教えてくれそうな人に聞くといい」というプログラムも出てきたりして、そして、その結果、「質問する」という肉体反応を起こすわけです。

つまり、これら一連の反応の状況こそ、〝現実化〟という創造行為なのです。

各自の入力された思い込みに応じて、各自がどういう反応をするのかに気づいてください。

各自が単純反応していることに気づき、それを観察しながら、今までとまるで違う思い込み内容に書き換えることもOKなのです。もちろん、そのまま続行するもOKです。その書き換えが、より弥栄《いやさか》なる方向への「意宣《いの》りなおし」であり、「決意しなおし」であり、「オーダー変更」、ということです。

そう、「いのる」とはお願いごとをする、という意味ではないのです。もともとの語源は「意《い》」（自分の考えや気持ち）を宣言する、ということなのです。

「やりたいことがわからない」
「楽しいことが見つからない」
「生きる目的が見出せない」

たった今、「あなた」が口にした段階で（そういう思考情報を採用した段階で）、その言葉のままになっていく。

その無意識の思い込みに、ちゃんと繊細に気づいていってほしいと願っています。

たった今、あなたが意識することで、あなたはそう意識したとおりの自分になってしまうのです。

だから、思考も質問も、その言葉どおりになるという意味では、あなたの〝宣言・意宣《いの》り〟とまったく同じことになってしまうのです。

あなたから宇宙に向けての願望発信と同じことになるのです。

もともと、【私たちの永遠なる普遍的な喜び】というものは、【自己の豊かさを観察して知っていくこと】以外にはないからです。

それだけが目的！

唯一絶対の必須目的！

どうぞここから、ブレないでください（かくいう私も、ときどきふっとブレますけど……）。

そのために、この個人という素晴らしい存在を創ったのですから！


「神である自己の豊かさ」のすべてを知りたくて、あなたという「空《くう》」は宇宙や人という存在を創ったのです。

知ることが、本当の「あなた」の根源的な生きる喜びなのです！

「神である自己の豊かさ」を知っていくことを抜きにしては、本気で「自他ともに栄えていこう！」「弥栄《いやさか》で生きよう！」などと、宣言できるはずがありません。

「神である自己の豊かさ」のすべてを知りたくて、あなたという「空《くう》」はビッグバン（大爆発）を起こしたのです。

「神である自己の豊かさ」を知るという根源的な喜び以外のものは、いわばオプション的な喜びや楽しさでしかありません。

そういう喜びだけでは、深い満足感は得られないのです。

生きがいとか、生きる喜びそのものを探すことが人生の目的というより、「あなた」があなたの進化のすべて（あなたの構成要素）を知っていくことが目的であり、それを知ること自体がすでに喜びなのだということです。

私たちの本質である「空《くう》」は、本当の自分を知ることや、神としての自分に気づくことでしか深い喜びを感じません。

それがベースであり、基本です。

「あなた」は、「あなたの真のパートナー」である個人自我を繊細に観察し続けていってください。どういう偏りや決めつけや解釈が入力されているのか、思い込みがなされているのか、それらに気づきながら、すべての制限を外すと、まずは決めてください。

究極なフリー状態（ノープログラム・ノーマインド）に戻ったときの自分自身のことを、

神人間（光の柱）とかアデプトなどと呼びます。

それがアセンションです。そして、アセンションをすると、いやでも神の心が戻ってきます。

このアセンションゲーム（制限外しゲーム）に対して、あなたが真剣に（深刻にではなく）立ち向かうとき、全身全霊で取り組んだとき、あなたのすべてが歓喜でうち震えることになるでしょう！

あなたの深い深い喜びと満足と達成感は、この今の個人自我を、本来の神人間（光の柱）に戻すことでしか生まれ得ないからです。


あなたはどこにもいない。

なぜなら…


苦しいとき、当たり前のように「〝自分が〟苦しいのだ」と思い込んではいませんか？

でも、それは違います。

苦しいといっているのは、【感情】の側です。

うれしいといっているのも、【感情】の側です。

あなたは感情ではないから、【感情】の表現を観察しているだけ。

だから、そのまま【感情】に表現させておいてあげればいいだけのこと。ただ表現させて、流してしまってください。それらは水のようなものなのだから……。

思考だって、「〝私〟が考えているのだ」と思い込んではいませんか？

でも、それも違います。

特定の【考え（情報）】が通過しただけのことです。

だから、そのまま通過させてあげてください。〝考え〟はただの光の粒なんですから。

あなたに特定の願望がなくても、あなた以外の「あらゆるすべて」が完全調和しながら成り立っていき、あなたにギフトをくれますから、いちいち心配しなくていいのです。

「あなた」は「空《くう》」……。これってカッコいいことでもなんでもなく、「あなた」は本当にどこにも存在せず、どこにもいない、という意味なんです。いかにも「いる」というような感覚を味わわせてもらっていますが……。

「あなた」は、光の粒や言語、感情の流れの参加がなければ、何も味わうことができません。だって、どこにもあなたはいないのですから。

このことが本気でわかったならば、実体的なもののすべてに感謝できてしまいますよ。いいえ、感謝せざるを得ないのです。

苦しむのはなぜか？
苦しんでいるのは「自分だ」と思っているから。
痛いのは自分ではない。
泣きたいのも自分ではない。
怖いのも自分ではない。
質問するのも、疑問が湧いているのも自分ではない。
ましてや、体調が悪いのも自分ではない。

あなたは、個人だけの自分として存在していないのだから。
あなた個人だけが生きているわけではないのだから。

あなたが苦しいのは、
自分に制限をかけるプログラムのせいにすぎない

●「我がまま」は調和を乱す
⇒本当にそうなのでしょうか？

そう信じたから、そういう現実を創ったのではないでしょうか。「自分一人だけのことを考えて、ほかの人はどうでもいい」ということを「我がまま」という意味に混同したのでは？　と思います。

自分が中心になるというより、「神としての自分」を中心にするということが「我がまま」の意味です。「我が思いのままに」が、我がままの意味なのです。

●○○がないと生きていけない

彼がいないと生きていけない、お金がないと生きていけない、仕事がないと生きていけない、などなどがありますね。

⇒本当にそうなのでしょうか？

これは、○○に依存した状態です。○○に常に振りまわされていて、「我が思いのまま」とは言い難いのです。

●手元にたくさんのお金がプールされていないと不安

⇒本当にそうなのでしょうか？

肉眼で見えるお金だけしか、お金ではないと信じている。だから肉眼で見えるお金がなければ、お金がないと信じている。

ないと信じたままで、どうやってお金を【創造】するのでしょうか？

お金はほかからゲットするものでもなく、引き寄せるものでもなく、自分の内なる虚空から「光の粒」を外へ出すことで創造されるのです。

「光の粒」とは「神の心」のことで「全体が栄えるように」という意志のことです。あなたが世界全体を心から愛して、そこに「誠意を尽くす」実践が、「光の粒」を外へ出すということなのです。その「光の粒」がお金や物の形をとって、戻ってきます。

そのほかにも、
●会社に勤めていると安心だ。
●この心の傷を癒さないと前へ進めない。
●人のために尽くすのは善きことだ。
●世の中はひどい状態だ。
というようなことがよくいわれますが、それらはすべて本当にそうなのでしょうか。

きちんと答えられる人はいないのではないでしょうか。

そして、人間の最大の思い込みは、「奇跡はたまにしか起こらない」「幸せであり続けるなんて人生にはありえない」「こんなことが長続きするわけがない」という類いのものです。

「良いことがあれば、悪いこともある」と信じている人も多いことでしょう。

これは嘘とはいえないけれども、本当というわけでもありません。

だって、単なる思い込みなのですから。


このように、社会意識（人間意識）は、多くの人がつかまってしまっている思い込みです。

これらは単なる機械的なプログラムにすぎません。けれども、プログラムを単に機械的な思い込みだと知らないから、苦しむことになるのです。

また、さまざまな思い込みがなければ創造ゲームも始まりません。

では、どうすれば、苦しむことがなくなるのでしょう。

それには、どういう思い込みが自分にあるのかに気づいていけばいいのです。【人間】という生き物を体験して観察する場合には、必ず【制限】をかけるプログラムにする必要があったのです。

これに対して、【神なる自我を観察するためのプログラム】は、いっさい限界がない思い込みのはずです。

限界がない思い込み、これがまことの「意図」「意宣り《いの》」「意志」です。

いってみれば、これが神のプログラムに相当するのです。

結果が出ないのは、自分自身ではなく外側を変えようとしているから…

相当に強い風が吹く日があります。

こういう日は、各自の「古い個人自我」たちが一掃されて、新たな「神なる自我」が風の息吹きとなって噴き出してきている日です。

A「嘘をつかないで」
B「嘘つきにならないで」

A「裕福になってね」
B「裕福な人であってね」

A、Bの言い方、あなたはどちらが心に響きますか？　じつはちゃんと統計で結果が出ていて、Bのほうが達成されやすいということなんです。

なぜでしょうか。

Aは、その人自身より、それ以外のことに重点を置いています。Aは、外側を目指し、外側のことを達成しようとしているのです。

Bは、ただ自分自身を変えるだけですから、外側を変える必要はなく、ある意味、すごく楽なのです。内なる自分自身を、ただ「神」として決めるだけです。

「弥栄《いやさか》に心から誠意を尽くします」という言い方は、本来はBの意味でありますので、「弥《いや》栄《さか》に誠意を尽くす自分です」ということなのです。

もっとBに近い言い方ですと、「弥栄《いやさか》な自分です！」になるでしょうか。

あなたは、古い自我の仮面を捨て（＝非力で、愛が少ない自我を捨て）、神としての豊かな中味を堂々と表現していってください。

「苦しいほう」を常識とし、問題探しを癖にしていませんか

昔からの知人と会っていたときのことです。

彼が、ひと言、「あーあ。今日は何もやることがないなあ」。たったこれだけの言葉なのですが、その中から、ものすごい量の「想念」が伝わってきました。

「天意《あい》」や「弥栄豊穣《いやさか》」のエネルギー感覚に慣れてくると、さまざまな波動がよくわかってきて、言葉という「外側のコーティング」（箱もの）にごまかされることがなくなってきます。

どんなに言葉できれいごとをいっていても、嘘がわかってきます。

「今日は何もやることがないなあ」と口にした時点で、そのとおりの一日を創造し始めることに、彼はどこまで気づいていたでしょう？

「何もやることがない一日」自体は、良いことでも悪いことでもありません。「何もやることがない一日」を、本人がどう感じ、どういう想念で呪詛《じゅそ》しているかが大事なのです。

彼の言葉の中には、じつにたくさんの情報がありました。

「お金がないから、何もできない、ツマラナイ一日だ。お金がないと、結局はツマラナイ」

「予定が入っていない」⇒何もすることがない（この常識、本当でしょうか？）。

「初めに予定が何も決まっていないのはツマラナイことだ」

いろんな思い込みの呪詛で自分を縛り、そのような一日を創造するだけです。

もし、「今日は何もやることがないなあ。やったあ♪」という感覚であれば、ずいぶんと違った一日を創造することでしょう。

多くの人は今まで、苦しいほうを常識とし、問題探しを癖として、それに慣れてしまっています。頭の思考は慣れ親しんだほうへ戻る癖があり、そうなれば身体の癖もだんだんそうなっていくのです。

一日の始まりにおいて（あるいは、どの瞬間においても）、問題探しの癖を発揮して、その呪詛に縛られていくのか、それとは逆に、

「今日も一日を楽しむ自分でいくぞ！」

「さあ、今日は一体どんな素敵な一日になるのだろう」

「今日は、どんな種類の喜びが待っているのだろうか」

という喜びの感覚に沿う一日にするのか、各自がどちらにでもフォーカスできます。

夜、眠るときも、ますます栄えることを意識して眠ると、次の朝がまったく違うはずです。

それらをちゃんと意識して選択できているなら、それが【覚醒している】状態となります。

思考ではなく、感覚のほうを大事にして、生きる喜びの実感を魂にきざんでください。

それが、「人生のまことを知る」ということです。

「より、素敵なものは何？」

「より、素敵な体験は何？」

こちらのほうに意識を覚醒させていてください。

もともと宇宙そのものが、無上の喜び、これ以上ない喜びでできあがっていますし、この空間の波動さえ、喜びの動きをしたくてうずうずしながら待っています。

今が辛いという人、人生は大変だという人、そういう人は、結局は、「どうありたい自分か」が宣言されていないのです。

外側の形だけを目指すと、それは辛い人生です。

売上げの額、給与の額、結婚生活、出産、会社……という幸せの形、職業や肩書き、社名……それらは【箱もの】であって、中味ではありません。

そういうもの自体は、「目指すもの」でもなんでもありません。

【箱もの】だけを評価し求める人生であるなら、本末転倒です。

中味に応じた箱がおのずとできてしまうのだから、箱を気にするのはやめましょう。

各自が、どれだけの「天意《あい》」と「弥栄《いやさか》へのまごころ」と「意宣《いの》り」を込めたのか、それがすべてです。

「うまくいっていない」と思ったら、見方を変えてみましょう

今の私たちにとって、最優先すべきは【意識改革】です。つまり、心の改革です。自分サイドからだけの損得勘定の意識ではなく、ともに栄えようとする弥栄《いやさか》意識への改革です。

限定された古い思考パターン（思い込み）を司っている「古い論理回路」を解除し、新たな弥栄《いやさか》ロジックが起動するようにすることです。

「人生や現実がうまくいっていない！」と認識した瞬間、「あなた」は特定の「波動」を生み出します。

この波動が、すぐに「そういう波動で彩られたままの現実」を創造していきます。あなたがそう認識した瞬間に、「そういう波動現実」が大爆発して、現実に展開し始めます。

すると、あなたはますます「その波動現実」を認識し、意識し続けて、その現状を続行

させることに力を注いでいることになります。

「うまくいっていない」という意識が根源にあるから、どういう方策をとろうが、どういう技法をとろうが、相変わらず「うまくいかない」ままで続行します。

あなたが「今ここ」をどう意識し、どうとらえ、どう認識しているかに気づきましょう。「うまくいっていない」と信じたままで、そこを修復しようとしてもできないのです。

人間の論理は「ここをどうやって修復しようか?」と対策を練りますが、自分の根底の意識である「うまくいっていない」という認識を変えなければだめなのです。

けれども、「うまくいっていない」という認識で開きかけた時空間（「うまくいっていない時空間」）は、ただ放っておけば、やがて閉じていきます。あなたという【意識】がフォーカスしなければ、その時空間はゼロ・ポイントに戻るのです。

修復しよう、改善しようという行為は、「うまくいっていない」という「思い込み」を行動にしているわけですから、うまくいかない現実を再創造し続けていくだけです。

「うまくいっていないのだ」という時空間からあなたの心を外して、「弥栄《いやさか》の状態になっている」という認識をして、そこを意識し続けていってください。

「うまくまわっていない時空間」も、「うまく弥栄《いやさか》でまわっている時空間」も同時に「今ここ」に存在しています。ですから、思考の方向を変えて、あなたの意識を変えて、フォーカスを変えてください。

「彼とうまくいかない」「上司とうまくいかない」「お金との関係がうまくいかない」「健康がうまくいかない」……。このようなさまざまな「うまくいかない」がありますが、あなたが勝手にそういう認識をしているし、それを意図しているのです。

しかも、こういう場合の「うまくいかない」は、あくまでも個人の損得勘定から見た場合に、うまくいっていないという発想ではないでしょうか？

でも、損得勘定をする人間意識ではなく、神として「弥栄《いやさか》に心からの誠意を尽くす」意識になるとき、すべては常にうまくいっているのだと気づくはずです。

あらゆる出来事は、「弥栄《いやさか》状態」になっていくための気づきの材料ばかりです。

「ダメかも」を、「行けそう！　行けるかも」に置き換えましょう

「弥栄《いやさか》に心からの誠意を尽くす！」と決意すると、ちょっと硬くなりすぎてしまう方もいるかもしれません。そして、ある特定の自分という鋳型に入るときや、結果ゴールを達成

している自分を意識するときも、どこか妙に深刻に気負ってしまうかもしれません。

そんなときは、「行けそう！　行けるかも！」という軽い歓喜の状態に置き換えてください。

つまり、深刻になっているときには、「ダメかも」という思いが隠れている、ということです。だから、常にどんなときも、「行けそう！」という思いに変えていくのです。

あるマラソンの選手のお話です。

走っていて、とても苦しい瞬間が来たら、「これは気のせい」「行けるかも」という思いに置き換えるとのこと。「ダメかも」と思った瞬間、全身がすぐにそういうふうに働くようになってしまうから、常に「行けるかも！」と思い続けて走る、ということでした。

自分を褒めて、認めて、感謝しましょう

自他ともに「神」であるのだから、今まで体験してきた自分のすべてのことに対して、いったんは心からお礼と感謝をしてあげてください。

特に自分を褒め称え、過去のすべてを認めて、そして、またそこから出発するのです。

自己を無意識に否定したままで、自分を変えようとするのは困難なのです。

無意識に嫌った部分を残したままで、より繁栄していくのは困難なのです。

たった今、あなたは、「あなた」を褒めて、認めて、感謝してください。

そうでないと、どんなに「弥栄《いやさか》に心からの誠意を尽くす！」と宣言したところで、気力が湧きません。


「ネガティブ」なものなどありません。

あなたが創り出しているだけ…


スピリチュアルを専門としている人でさえ、勘違いしていることもあるぐらいです。ですから、一般の人がわからなくても仕方がないかもしれませんが、【ネガティブな感情】なんて、どこにも存在していませんから！

ここは、本当に大事な部分ですから、しっかり腑に落としてください。

どんな感情も、感情自体は、単に個別の波動して存在しているだけです。

良いも悪いもない、ただのエネルギーに過ぎません。単なる周波数です。その中立な感情を、「あなた」が嫌うから、否定するから、とがめるから、そのことをネガティブというのです。

感情がネガティブなのではありません。嫌って否定することをネガティブと呼ぶのです。

中立な感情が、「あなた」によって否定されると、汚い波動の感情になってしまう。愛と生命力が否定されてしまうからです。

「あなた」がネガティブにしたのです。

「あなた」がネガティブなものとして創造したのです。

自分で汚したのだから、これはご自分が受け入れてあげることしかないですよね。

難しいことではありません。そのまま眺めて、あとは手放してしまうだけでいいのです。

「どうやって手放すのですか？」という質問は却下です。気にしない、気にかけないことで手放せます。

内側（中心）が大事で、内側だけが無限の永遠です。すべては内側から外へ生まれていくからです。

ちなみに、本末転倒という言葉がありますが、あなたの内側が【本】で、あなたの外側は【末】です。

泣きごとも、不平不満も、グチも、すぐれない気分も、落ち込んだ気持ちも、辛い感情も、それらは全部あなたの【外側】のものです。身に着けたアクセサリーみたいなものです。

でも、あなたはもしかしたら、常にそういう【外】ばかりを意識し、【外】のエネルギーばかりに気持ちを向けているのかもしれませんね。

【外】は、あなたの本質ではないのです。【外】におぼれ、【外】に執着し、【内側】を意識することを忘れている。

【内側】の神の心を自覚し、意識してください。【外】はどうでもいいから。まずは【内側・中心】の【いのち】を自覚してください。そこが「まことのあなた」です！

「まことのあなた」は、静寂かつ燃えたぎる【いのち】、そのものです。それが神です。

このことは、意識を向けないと忘れがちです。

どうか、【外】ばかり意識するのをやめてください。

最も奥のほう（内側）を自覚してください。

神の【いのち】としての光の柱が存在しています。

「いかり」が湧いたら、それを活用するのです

最初の著書、『空《くう》舞い降りた神秘の暗号』の本を書かせていただいたときのことです。

じつは、この本は【いかり】が動機となって書くことがスタートしました。

といっても、感情的になって被害者意識から腹を立てる、という怒りではありません。

本来の【いかり】は、〝い〟が駆けるという意味で、〝い駆り〟なのです。

【いかり】は、〝い〟が活動開始することです。

この場合の〝い〟は、意であり、いのちであり、息であり、意宣《いの》りであり、息吹きであり、弥栄《いやさか》への意志なのです。

したがって、【いかり】とは、本当の心が躍動することなのです。

こういう【いかり】を感じるとき、そこからは爆発的なエネルギーが出て、クリエイティビティ（創造性）が発揮されます。

「もう！　本当のことをバンバン書いてやる！」という強烈な【いかり】が、なぜあのとき私の中に湧きあがったのか……。頭で生きてきた私には理解不能でした。

「いつも不安に明け暮れて、心配しながら生きるなんて、金輪際いやだ！」という【いかり】が湧いたこともあります。

このような【いかり】は、神意識として本質的なものです。みなさんも湧いてきたときには、大いに活用してください。

この世で最強の現実を創る力とはなんでしょうか

この世で（もちろんあの世でも）、【最強】なものって、何だかご存じですか？

それは……。

まずご自身の内なる神に問いかけてみてください（答えは最後に書きますので）。

「高次の神の情報」をちゃんと感じ取れない人に共通しているのは、「全員でともに栄えていくことに心からの誠意を尽くします」という、意宣《いの》りをしていないこと。

意宣《いの》りがないのは人生の羅針盤がないのと同じ。

フラフラしていくだけの日々になります（それが悪いのではなく、神としては不自然だということです）。

「私の人生を改めます！　弥栄《いやさか》に心からの誠意を尽くします！」という意宣《いの》りがあれば、どんな素晴らしい情報でもキャッチできます。

【弥栄《いやさか》に心からの誠意を尽くす自覚】をしっかりさせていると、全体と調和したインフォメーションや栄える方向のインフォメーションしか来ません（問いかけるとすぐにやってきます）。あなたの自覚しだいなのです。

そして、弥栄《いやさか》に心からの誠意を尽くす自覚を抜きにしては、他者に貢献することも、本当のヒーリングもできません。透視もチャネリングもできません。

弥栄《いやさか》は技法《テクニック》ではないからです。

「私の人生を改めます！　もっと全員で栄えていきます！」と本気で決めるだけで、悩みも問題も起こらなくなるのです。本気度の問題です。

「愛」は情ではなく「天意《あい》」です。つまり、「天の意向」のことです。それは人類全員が最高に満ち足りる経験を「全員で創り出す」という意志のことです。

さて、ここで、冒頭の問いの答えを書きましょう。

この世で最強なのは、【あなたの決意】です。あなたが「神」だからです。

古神道において、古事記において、最も大切なものは【あっぱれな清明心】と書かれています。清明は、生命の基本なのです。

ハレバレとした明るい心ですべてを決意することが最強ですが、それを否定することも「あなたの決意」ですから、同様に強い。でも、「否定したもの」は最強ではありません。

あっぱれな清明心……。

これがどういうものかといいますと、逆の方向からの説明がわかりやすいでしょう。

あっぱれな清明心ではないもの、それは、なんとなく日々を生きている（いのちの無駄遣い）ことです。大して悪いこともなく、良いこともなく生きているのでは、ハレバレとしていません。あっぱれな心ではありません。不自然なのです。

「今ここ」を満足しているかといえばそうでもなく、かといって、さらに喜んでいこうという決意もないことです。

ばかげた「恐れ」にかまうよりも、“今”、実体験したいことにフォーカスしましょう

じつは、私たちの肉体は、相当に疲れないようにできています。

普通に仕事をこなすことや、多少のオーバーワークでもそうそう疲れない（遊んでいるときの肉体を思い起こしてください。それと同じことなのです）。


では、なぜ疲れるのでしょうか？

なぜ、こんなにもストレスがかかりすぎるのでしょうか？

それは、【思考】を「かまいすぎる」ことによるのです。

考えに執着しすぎて、脳の回路のエネルギー消費がものすごいことになっているからです。

本来、思考はいじりまわす必要がないのです。重要かつ必要な宇宙の思考は、頭をひねらなくてもあなたの心が静寂なときに勝手に来ます！　保証してもいいです！

あなたが握りしめてしまう頭の思考は、単なる「思い込み」の繰り返しですから、万能でもないし、完全ではないのです。

だから、宇宙の思考（直感）に委ね、頭は降参し、ギブアップしてください。

考えたところで、結果は同じ。あなたが意図したことしか起こってこない。

意志、意図、決意、それしか必要がないので、あとは「降参」してください。

まるでペットの犬のように、飼い主である宇宙に向かって、お腹をデーンとさらけ出してしまいましょう。

もし、たった今、あなたの目の前に野生の飢えたライオンが出てきたら、そのときに初めて怖がってもいいのです。

でも、目の前に「今ない」ものや、「出現していない」ものを怖がる必要はまったくないですし、怖がるための【思考】を後生大事に握りしめなくてもいいのです。

出てきてもいないライオンを、「ライオンが来たらどうしよう？」と考えなくてもいいのです。考えてばかりいると、出会うことになるかもしれません。

それと同じくらいばかげた【恐怖思考】を、なぜ、そんなにもかまうのでしょうか？

もしかして、そんなに暇なのでしょうか？（笑）

そんな暇があるなら、今を味わい、満ち足りましょう。そして、今の状況がもの足りない人は、自分が今以降実体験したい【在《あ》りよう】を選択し、意図すればいいのではないでしょうか？

思考、思考、思考、そのすべてを「空《くう》」に捧げてください。もう、それらにかまわないことです。

言葉や思考は〝縛り〟であり、〝くくり〟なのです。あなたを縛るもの、そのものです（悪いとはいっていませんよ）。

ノー思考、それを貫いてください。

ほとんどの思考が、暇つぶしのための雑念です。

ただし、ある特定の思考をかまっているときに、とてもワクワクするなら、ぜひ、それにはかまってください！

あなたがときめく思考、武者ぶるいする思考、そういう内容なら、にんまりしながらかまってください。

あなたの肉体を通過するたくさんの雑念・想い・思考の中で、かまうことが面白いと感じる内容に、絞り込んで下さい。

どうせ思考に縛られるのなら、縛られたい内容を選択していただきたいのです。

答えは「言葉」ではなく、「感じる」ことで見つけましょう

言葉は、本来は自分への宣言として使うものであるので、他者に対しては【事務的な連

絡】のときにしか必要がありません。

言葉を中立で事務的な波動以外で使うと、誤解が生まれることも多いのです。

中立ではない言葉を使って考えることも、自分の中に誤解が生まれる可能性が高いのです。


思考、それは「言葉」で成り立っています。そして、思考も疑問も質問も、すべては自分の中の個人的なものです。だから、ご自分の中に思考の答えがあり、質問の答えがあります。

そして、本当の「答え」は感じることでしか、【知る】ことはできないのです。

感じるとき、直感的な短い言葉になって理解できているはずです。

「あっ！　わかった！」という感覚です。それで充分なのです。


提案があります。

思考を全部捨ててみてください。

あなたの「頭」に浮かぶ言葉の数々、それは流れてきただけ。

あなたがキャッチしただけ。

何一つ、あなた個人のものはない。

思考も、質問も、疑問も、すべては【流れ者】です。

自分でつかまえた思考だから、自分でキャッチした質問・疑問だから、じつは必ず【答え】がペアになっています。

だから、まずはご自分で問いかけをなさってください。

私の願いは、言葉を使って他者から答えをもらうのではなく、各自が自分で【感じる】ということで、答えを見つけていただきたいということです。

答えには、正しくない答えなどありません。

すべてが正しいのです。

あなたが感覚的に好きな解釈でOKなのですよ。

あなたの思い込みがリアリティを与え、現実化させています

あなたが「そうだ!」と思い込んでいるものに、あなたが【リアリティ】を与えて具現化しているのです。

あなたは、優劣があると思い込んでいる？
自分の中に劣っているものがあると思い込んでいる？
あなたは、失敗があると思い込んでいる？
あなたは、貧困があると思い込んでいる？
あなたは、嫌いな人や、嫌いなものがあると思い込んでいる？
あなたは、「このままではまずいと思う自分」があると思い込んでいる？
あなたは、「特別な個性がなければまずい」と思い込んでいる？
あなたは、【成果】を残してなんぼだ」と思い込んでいる？
あなたは、「あの人が自分をひどい目に遭わせた」と思い込んでいる？
あなたは、「○○しなくてはならない」と思い込んでいる？
あなたは、○○こそがスゴイと思い込んでいる？
あなたは、自分の使命があると思い込んでいる？
あなたは、達成すべき【偉業】があると思い込んでいる？
あなたは、今以上に素晴らしいものがあると思い込んでいる？
あなたは、「あれは自分ではない」「それは自分の財産ではない」と思い込んでいる？

あなたは、あなたは、あなたは……。

あなたは、一体何を思い込んでいるのでしょう？

この現実が、この肉体が、この息子や夫が、あの他人が「在《あ》る！」とあなたは思い込んでいる？

あなたは、あなたが思い込んだとおり、そういうリアリティを与えたとおりの今のあなたに見えているだけです。


あなたは、神のように自由でいるのが、じつは怖いのです。

あなたは、誰かと一緒でいたいのです。

あなたは、個性ある独自の存在でいるのが怖いのです。

だから、なるべく多くの人が声に出すことにしたがおうとするし、ほかの人への見え方が気になります。

でも、あなたは「あなた」でしかありません。

「あなた」が思い込んで、「あなた」がすべてにリアリティを与えている。これは完全にあなただけの視点であり、あなただけの解釈です。

本来はファジーでしかないものに、あなたが、【独自のリアリティ】を与えています。

それらは本来ファジー。

すべての概念がファジーであり、すべての人がファジーであり、あなたの視点から、あなたがリアリティを与えて存在させているのです。それがあなたの個性ということです。

あなたの身体が喜ぶ「言葉」を口にしましょう

質問も、疑問も、解釈も……、そのすべてが思い込みです。単に言葉です。

そして、それらすべてが「あなた」そのものではないのです。単なる情報、単なるデータです。


いろんなご質問を、たくさんの方から「言葉」でいただきます。そのつど感じるのは、その「言葉」に執着しすぎていらっしゃるということです。

自分がその「言葉」を【考えている】と、まだ本気で信じていらっしゃるようです。

でも、「言葉」は何一つ「あなた」が考えているのではないのです。

あらゆる「言葉」は、ただ流れてきただけ。何一つ【個人の所有物】ではありません。
流れてきた「言葉」は、選択する自由があります。
ならば、神の言葉を選びませんか？　神の言葉を選び、それを口にするとき、必ず全身が喜びます。

「〇〇って、一体どういうことですか？」
「〇〇って、どうすればいいのですか？」

これらの「言葉」を採用して、頭の中に繰り返すとき、あるいは口にしたり、書くとき、「あなたの身体」はどういう感覚になっていますか？　自信に満ち、喜ばしい感覚ですか？
どうか、あなたの全身が喜ぶ言葉を発してください。

たった今！

あなたがたった今、感じている【波動】。

たった今、あなたから放出されている【波動】が現実を創っているのです。
これだけのこと。
たった今、たった今、今、今、今。
あなたの波動、あなたのバイブレーション、あなたの呼吸。
もう気づいてくださいね！　あなたが創造していることに！

第三章

願望

望むものを「引き寄せる」前に自分を定義しましょう

あなたがどういう自己でありたいのかを意図していないのに、それを決めていないのに、「状況」や「環境」や「現実」が起こってくることはないのです。

意図、意図、意図……です。

「引き寄せ」の仕組みについて書かれた多くの本には、ちゃんと明確に書かれていない重要な部分があります。何かの状況を引き寄せるのに、その「方法」にだけフォーカスさせる書き方が多いようですが、それは二の次でいいのです。

何を「どうやって」引き寄せるかは、副次的なことなのです。

「どういう自分でありたいのか」

「どういう体験をしたい自分なのか」

ここを定めてください。そして、体験する物事を【受け取る】に値する自分だと認めておくことです。

あんな自分、こんな自分、すべての自分が【今ここ】に同時に存在しています。

すべてが選択できる状況で、スタンバイして出番を待っています。

事柄や条件や方法は、そのあとに宇宙が寄こしてくれるものです。

まずは自分自身の在《あ》りようを意図してください。そして、【受け取り】を決めてください。

願ったら、叶うのは「いつ頃」なのかも具体的にする

先日のことです。

セミナーで、受講生の方全員に、最も自分が願う最高の状態は【いつ頃に】体験するつもりですか？　と尋ねたことがあります。

というのは、人は無意識に「そんな日は来ない」とか「すごく先だろう」とか、はたまた「なんらかのアプローチのあとで」とか「いつかタイミングが来るはず」などと思っていたりするものだからです。

本気で体験したいと思っているなら、【いつ頃に】くらいは決めておかないと、永遠に体験できません。

そして、その【いつ頃に】が決まったなら、その【いつ頃に】を、【たった今】に持ってきてください。

【いつ頃に】というゴール期日を【今】にできないということは、「今はまだ情熱がない」ということなのです。

【今すぐにでも】体験してOKなことしか体験できませんし、プロセスや条件も整っていかない。私が、過去においてサクサクと現実化できた体験のほとんどが、【いつ頃に】を【たった今】に持ってきたからでした。

どんなに自信がなくても、情熱が勝る場合には、この方法ですべて現実化できました。本を書こうと思ったときも、出版日を先に決めてしまいました。

いつ頃にそうなっているのか、そのゴールの波動のエネルギーを、【今ここ】に持ってきてください。

この【いつ頃に】という予期……。このようにハッキリと、今ここで具体的にすることが予期なのです。

通常、「予期する」という言葉を聞くと、「予想する」「予感がする」「そのことを期待する」といったイメージを、なんとなく持ちませんか？　時期的に少し先のことのような、未来のことのような、そんなイメージがあるのでは……と思います。

このことについて、私が尋ねたところ、すらすらとメッセージが来ました。

「予は〝あらかじめ〟と読む。期は期すること、つまり〝定める〟ことを指す。

したがって、予期とは、【あらかじめなるもの（未来なるもの）】を、今ここという瞬間に【定める】ことなり」

ああ、やっぱりそうなのだ！　と、全身にストーンと落ちた感じがありました。

もともとの中立な意味はこちらだったようですが、人間の意識が【今ここ】にいられなくなったため、言葉に対する解釈イメージが変わってしまったのではないでしょうか？

でも、どちらの意味でも正解だと思います。

それを選択するのは、各自の自由ですので。

「結果」を決めないから「条件」が整わないのです

「意」「願望」「オーダー」を決めるから、だから「条件」が整います。

そして、「意宣《いの》り」なき生活においては、何の「気づき」も「実感的理解」も起こりません。

旅行に行くと本気で決めるから、必要な時間やお金が整うし、そのために行動できます。「このことがわかる自分になる」と真面目に意図するから、そのことがわかってきます。

「これは、どうすれば？」「どうしたらいい？」というように、頭は小賢しく「条件・方法・対策」を考えます。

無理です！　結果（ゴール）を決めていないのに、そこを体験すると、今ここで決意していないのに、条件・方法が起こってくるはずがありません。

「どうすればいい？」「どうなんだろう？」、こういう質問さえも、じつは【願望】の一つなのです。

「どうすればいい？」と悩む自分を願っているということですから。

願望とは、何もお金や物質に限ったことではなく、「こういう自分になる！」も願望です。意宣《いの》りです。だから、どうすればいい？　と尋ねているより、「これがわかる自分になる」と決めることです。

あるいは、内なる自分の宇宙に「教えてほしい」とオーダーすることです。

あなたが何を望もうと、答えはあなたの中にしかありません。

意宣《いの》り、それは最も大事なことです。

意宣《いの》りや願望を所信表明する（オーダーする）から、条件が整っていく。

「頭」で条件や方法を考える時代は終わりです。

「頭」は、争いのための古い癖をいっぱい握りしめています。

でも、「頭」は最後に物事を理解するパーツなのです。ですから、先に実際に体験することを決意して下さい。


「個人主義を捨てよ！」というのは、よくいわれることですが、この意味を実践するのに、多くの方々が真逆のことを行っています。

自我を捨てるべきところで捨てず、持つべきところでは持たない。自主独立した神としての自我をきちんと持って、あなたはあなたの王国をつくらねばなりません。

多くの方が自主独立していないことによって、願望を想像することもせず、生きることに無気力で、すべての現状を人任せにしてきたから、その象徴がたとえば、国における「政府」として具現化してきました。

政府は、私たちの「意識」のあらわれにすぎません。

神の心である素晴らしい自我を、ちゃんと持ってください。全体が栄えて喜ぶことを願う自我であってください。

喜びを動機とした自我がなければ、現実に創造できないからです。

大いに欲張りであってください。

そういう、大いなる自我をちゃんと中心に置いてください。

中心が決まらないと、遠くに投げたブーメランはきちんと戻ってこられません。つまり願望が実現するのを体験できないのです。願望はあなたではない、ほかのところで実現してしまうのです。

そして、捨てるべきは、願望が実現するための条件・方法（プロセス）に関して思い込みをしている自我です。これは必要ないものなのです。

「どうすれば？」

「どうやって？」

ここは不要です。頭で考えることではありませんから。

本気で意宣《いの》る神としての自我と、それを行動に移す自我だけがあればいいのです。

本当の願望は「今、楽しむこと」だけ

今のあなたの現状は、かつて「あなた」が予期したことばかりです。かつてあなたが願ったことばかりです。

その「今」をいやがったまま、嫌ったままで、次に楽しさを願っても無理だし、創り出すことはできません。

「次なる今」は、「たった今」のあなたの波動から生まれてくるのですから。

「次なる今」は、「たった今」のバイブレーションに共振してシンクロして生まれてくるのですから。

「たった今」を喜び楽しむという明確な「意志」を持つことで、常に「次なる今」にも喜び楽しむ状態がやってきます。

そのあとのことを、無理にあなたの頭でひねり出さなくても、おのずと自分の願望が感じられてくるし、見えてきます。

「たった今」のバイブレーションが土台となって、「次なる今」が〝イモづる式〟でわかってくるのです。

ただし、「全体繁栄（弥栄《いやさか》）に貢献するぞ」という意志だけは不可欠です。

あなたは、願望の内容や、目的の中味を知りたいと思っているのではないのです。

頭はそのように信じ込まされていますから、先に願望の内容を知らないとだめなんだと、思い込んでいます。そうじゃないと楽しめないと、決め込んでいます。

でも、何をしているかという事柄自体が願望ではないのです。あなたにとっての願望は、あなたが心底「こんな自分でありたい！」と思うような自分自身を「心身ともに表現する」ことなのです（これは、いのちあるものすべての欲求でもあります）。

その瞬間できうるかぎりの、自分が思う「栄光の自分自身」であり続け、それを表現できることを喜び楽しむことなのです。

事柄自体が願望ではないのです。

それぞれが独立している毎瞬毎瞬を楽しんで喜び合うために、宇宙は創られたからです。

その毎瞬毎瞬は、全部が個別の「今」であり、それはつながっていません。だから、「たった今」と「次なる今」を無理につなげよう、と連結させなくていいのです。一つの自己表現の事柄（楽しむ内容）を、無理やり継続させようと努力する必要はありません。その事柄が、あなた個人と全体にとって必要なことならば、つながるときにはつながっていきますから。

でも、基本的に、「ついさっきの今」と「たった今」と「次なる今」は、完全独立した瞬間であり、個別の時空間なのです。だから、毎瞬毎瞬が、二度とないオリジナルな「今」なのです。

その唯一無二の「たった今」の自己表現を喜び祝うことだけが、あなたの本当の願望なのです。

「たった今」の「栄光のあなた自身」を楽しむ選択をしていってください。

「たった今」をくつろいで、最期の一瞬であるように楽しんでください。

「たった今」を「最高に誇らしい自分」として過ごしていないと、「次の今」も楽しくないし、楽しい事柄も見えてきません。

「楽しい次なる事柄」という現象は、「たった今」を楽しんでいることでしか、情報ＯＮしないのです。「たった今」を楽しみ、くつろいでいる、まさにそのバイブレーションが

【受け取りの磁石】になるからです。

「たった今」と同じバイブレーションを持った「次なる今」が共振して出てきてくれるのです。

よくいわれるシンクロとは、こういうことなのです。

お金の循環がうまくいくシンプルな方法

あなたは【意識】そのものです。

だから、あなたの【解釈】は、すべてのエリアでそのとおりの現実を創ります。

物質レベルにおいても、ほかの並行現実や多次元においても、そのとおりの現実を創ります。

現実は物質レベルだけではないから、「今ここ」のあなたの【解釈】が全エリアで現実化していきます。

お金にまつわることもあなたの【自分への解釈】に比例します。

あなたが自分自身のことを尊厳をもって見てあげていないなら、自己卑下があるなら、お金の循環はうまくいかない。

あなたのすべてに対して、あなた自身は本当に無条件の愛で受け入れているでしょうか？

あなたは自分のユニークさに誇りを持っているでしょうか？　プライドではありませんよ。プライドは自分を卑下しているときの、そのような自分を隠すための道具だからです。

あなたは、あなただけの所有物ではありません。弥栄《いやさか》なる宇宙全体の所有物です。

だから、自己卑下や遠慮をやめてください。

あなたには豊穣の循環がふさわしい！　それが本質なのですから。

あなたの本当に欲しいものは内にあり、
あなたを恐れさせるものも内にあります

私たちが願うもの、本当に欲しいものは、【内的実感】です。

内的実感のエネルギーが、たった今整って、それが継続されていけば、外的条件・外的状況はおのずと起こってきます。


たとえば……。

あなたは、【結婚という形態】そのものが欲しいわけではない。

その奥にある【内的なくつろぎ】が欲しいはず。

あなたは、【友人】が欲しいわけではない。

その奥にある【内的なつながり感】が欲しいはず。

あなたは、【お金】そのものが欲しいわけではない。

その奥にある【内的なくつろぎ】【内的な高揚感】【内的な自由感覚】が欲しいはず。


恐れているものも同じ理屈です。

たとえば、もし、あなたが恐れているものが、ホームレスになることや戦争、災害というような【外的状況】だとしたら……。

あなたが本当に恐れているのは、じつはそういう表面的状況ではないのです。

その奥にある【内的なもの】です。

そういう外的状況によって自分の内面に湧き起こる【内的エネルギー】を恐れているだ

けなのです。


みじめさ？

不自由さ？

尊厳の喪失感？

被害者感覚？

そういう内的なものを感じたくないし、怖いと感じているだけなのです。


でも、一体なぜ、このようなものが湧きあがってくるのでしょう。

それはね、やっぱりそこに【あなたの解釈】があるから。

「自分はみじめな存在だ」

「自分は不自由だ」

「自分はダメだ」

「自分は被害者だ」

そういう解釈の「思い込み」がちゃんと自分の根元にあるからです。

それが悪いのではなく、すべての解釈を選択する自由があることを思い出してください。

だから、意宣《いの》りなおしです。

たった今、自分に対する【解釈】を選択しなおしてください。

決意しなおしです。

宣言しなおしです。

なぜ、「欲がない」とまずいのでしょうか

今、自分の欲望がわからない。それは、ある意味、末期的なことかもしれません。

あなたという「空《くう》」意識が万物の進化繁栄を観察したくて宇宙を創りましたが、それは欲望そのものであり、私たちの生きる本質は、喜びへの「欲」なのです。

自己繁栄への欲なのです。


欲は「そこに興味がある！」ということであり、そこに対する愛がある、ということ。

だから、【いのち】ある者としては、欲望がないのはまずいのです。

何も創造できないことになるからです。

欲望がないとか、わからないということは、「自分への愛」「宇宙への愛」がないことになります。しかも、もっとまずいことに、欲がない＝【今そのもの】にも満足していないことのあらわれです。

本当に「今」を満足しきっていたら、必ずその状態に【飽きて】、「全体繁栄」への次なる欲が湧くのが自然だからです。

宇宙は「栄える意宣《いの》り」しか応援できません

意宣《いの》りがないのは、羅針盤がない船のようなもの。

あなたが何を体験したいのか、決めていないのです。

この意宣《いの》り（と意宣《いの》りなおし）を実行してください。

でもね……。

A　会社がいやだから辞めたい、というネガティブな意宣《いの》り。

B　○○がいやだから避けたい、というネガティブな意宣《いの》り。

C　実家が嫌いだから、結婚するか独り暮らしをしたいという意宣《いの》り。

これらはまことの願望ではないし、弥栄《いやさか》なる意宣《いの》りでもありません。

宇宙はそういう願いや意宣《いの》りをサポートできません。

それは、そこには何かを否定する動機があるからです。

宇宙は「全体が栄える」ことしか応援できない。

だから常に〝意宣《いの》りなおし〟が必要なのです！

A　会社を好きになり、会社においてともに栄える自分になる、という愛の意宣《いの》り。
B　○○を大好きになる自分になる、という意宣《いの》り。
C　実家であろうとどこであろうと、楽しむ自分になる、という意宣《いの》り。

というようにです。

そして、それでも「いやだ、いやだ」がまだ出てきたならば、それは本来の「あなた」のものではないので、呼吸とともに心に吸い込んでいってください。

その「いやだ！」に敬意を表して、受け入れたあとは、手放してください。その「いやだ！」はやっと表面に浮上して、表現をすることができたのですから。そして、ちゃんと表現されたものは消えることができます。

本当に「偉い人」の定義とは？

私たちは小さい頃からたいてい、「偉い人になりなさい」といわれながら育ちます。

たとえ、言葉に出してはっきりといわれないにしても、そのニュアンスはなんとなく周囲から強いられ、圧迫されるようにして育てられます。

この「偉くなりなさい」の意味が、どうにも誤解されやすい言葉になっているのです。なんらかの「仮名《かな》」（肩書き、身分、条件）を持っていることが、「偉い」という意味になってしまい、そのような認識が世界中に蔓延《まんえん》しているからなのです。

何かが、ほかの何かよりも優れているという認識や考えのもと、その優れているもの、「偉い人」とやらになるために、過激な競争が始まります。ほかはなるべく栄えさせずに、自分だけ（自分たちだけ）を栄えさせようという動機の心で競争することは、宇宙の法則ではないのです。

そのような競争に勝てた人は、自分だけの能力で成功したと勘違いをして、うぬぼれていきますし、負けた人は卑屈になっていきます。そしてなんとも気持ちの良くない世の中になっていってしまいます。

卑屈になった人は、表面的にはおとなしそうに見えますが、内心は成功した人への反抗心・嫉妬心を持っていますし、機会さえあれば、成功した人を引きずり下ろしたいと思っていたり、遠巻きに不幸を願ったりしています。

これに比べて、本来の「偉い人」というものは、弥栄《いやさか》の心の【自覚と実践】の程度によって決まっていくものです。

小さい状態から大きくなろう、狭いところから広いところへ出よう、低いものから高いものへ移ろう、これらは子ども・大人を問わず【いのち】の根本性質ですので、【いのち】はいつもそのように「発展繁栄しようとする動きを持つ心」としてあらわれます。

この弥栄《いやさか》の心を、夢・希望・欲・向上・理想などと表現します。これらは自然な宇宙の本質、神の本質、【大生命】の本質です。ですから、その弥栄《いやさか》の心を素直に動かすことと、形式上の「偉い人」になることとはまったく関係がありません。

自己の成長・発達は、ありのままの【いのち】の動きで、生きとし生ける誰もが、「もっと素晴らしい体験をしていきたい！」と思うことは決して理屈ではありません。

でも、それのみならず、「他者もまた自分と同じく成長・発達するように！」と願い、喜ぶ心が弥栄《いやさか》の心です。この心でお互いが切磋琢磨する競争なら、じつに素晴らしいことです。

これらの弥栄《いやさか》の心は、明るい元気いっぱいの意志が非常に大切です。明るくイキイキと元気な清明心で実践していくことなくして、まことの弥栄《いやさか》の心とはいえないのです。

「受け取る」ことを自分に許可しましょう

何をやるのか、何をやったか、何を具現化したか、どういう成果を出し、どういう利潤や黒字を生み出したのか。それらはじつはどうでもよいことなのです。二の次のことです。人間ゲーム（達成ゲーム）においては、その【形】としての結果だけが重視されてきましたが、【形】はしょっちゅう変化しますし、【形】によって心が豊かに満足することはありえません。

じつは、創造の根本である自分自身、つまり、「どんな自分」がそれをやったか……、このことだけが重要です。

今までのような人間ゲームの舞台（スペース）が世界中で展開されてきたのも、私たち自身の心が「人間（＝偽の自己）意識」だったからです。

【人間の欲】は、「受け取るだけ」「もらうだけ」「与えられるだけ」にあり、ひどいときは「奪うこと」、これだけが重要です。あとは、そのための計算でしかなく、受け取るためにしかたなく提供し、受け取るためにしかたなく人と出会おうとし、受け取るために今の現状を変えようと奮闘する、そういった類いの欲でした。

でも、じつは本来は真逆だったのです。

【神の欲】は、「提供すること」「放出すること」「手渡すこと」にあり、それはキリスト愛やブッダ愛に代表される「神の表現」そのものであり、そこには個人の損益などの考えはまったく介在しません。

でも、大切なのは放出ばかりではないということ。

他者（ほかの神たち）が提供することを応援するために、こちら側は「喜んで受け取る」ということも【神の欲】です。他者がたくさんの愛を込めて「提供」しようとしている「もの」や「こと」は、必ず自分の心に響き、「ぜひ、受け取りたい！」という欲として浮上します。つまり、自他の愛が共振するのです。

他者への貢献として「受け取る」だけなのですが、これは「提供する」ことと同様に大切な働きなのです。

この二つの働きのバランスをとるために、最初はとにかく「自分のどんな欲も許可する」ことが必要です。

「受け取る」ためのパイプが目詰まりしている人が、じつに多いと感じています。

「すべてを受け取っていい自分なのだ」と許可すると、神のエネルギー（神のいのち、神意識）と完全に連結できます。

連結点としての丹田《たんでん》が太く強くなって、燃えていきます。そして、丹田から細胞へ流れ込む生命力によって、不安・恐怖が全身から消え、気持ちも安定していきます。

「すべてを受け取っていい自分なのだ」と許可を降ろすことが、神への入り口です。まずはそこから始めましょう。

もし、「すべてを受け取る」ことへの恐怖や違和感や反発や不快感、遠慮などが湧いてきたら、「とがめず」「ＹＥＳ！　ＯＫ！」して、自分の本質（神の心）の中へ統合させてください。

これからの時代は、どんどん人間ゲームの舞台が消滅していきます。勝手にです。あなたが個人的にどうこうできません。

人間ゲームの舞台は、あなたが意識をそこだけに向けてきたことで存在してきましたので、あなたが意識の方向を変えるだけで（つまり神の舞台へ変えるだけで）、その人間ゲームの舞台は消えていきます。もともと、ホログラムの舞台、本当に幻の中の幻だったからです。

本当のリアル、事実、真実、まことは、神意識だったのですから。頭はみごとにだまされていたのです。

私個人のことになりますが、このように本当のことを表現したり、話したりすると、右手が楽になります。最近は、身体がますます敏感（エンパス）になってきて、神意識を土台とした表現をちゃんとお伝えしないと、右手が半端ではなく痛むのです。

本当に望むものが何もなくなったときに、理解できることは…

人生におけるあなたの道とは、何なのでしょうか？

それは、いつでも自分の喜びの感覚にしたがうことです。

つまり、あなたを駆り立てる冒険に乗り出すことなのです。

自分の内面に感じるものに対して、正直に許可を降ろすことなのです。
その感覚は、あなたの外へ表現されるのを待っています。

もし、あなたが何かを体験したかったり、なんらかの願望を宇宙に発注したかったりするのなら、そこには自分自身への100パーセントの許可がなくてはなりません。100パーセントの愛ということです。
93ページでお話ししたような、受け取ることへの許可が低いとき、願いはなかなか叶いません。

あるいは、宇宙に委ねていないこともあるでしょう。自分の本心、夢、望みをちゃんと自覚してください。それが何であろうと、きっちりと完結させることです。完結すれば、あなたは次なる冒険に旅立つことができます。

あなたが心底、本当にもう何も望むことがなくなったとき、そのときこそ【今ただ在《あ》る】ことの素晴らしさを理解できます。
そこに至る前段階では、まずは、偽の「ただ在《あ》る状態」で自分をごまかさないことです。似て非なるものでごまかさないことです。

第四章

豊かさ

ただ存在している、という「歓喜」もあるのです

「やったあー」と叫びたくなるような一時的で、刺激的な、激しい感動も、ある意味では歓喜といえば歓喜なのでしょう。けれども、これは【条件つきの歓喜】ということで、いわば薬物中毒みたいなものです。

今までできなかったことができるようになったり、わからなかったことが腑に落ちたり、目標や願望が達成できた瞬間など、本当に感動するし、感激するし、うれしいものです。これも素敵な体験です。

人はみんな、この手の感動が欲しくて努力するし、奮闘します。

でも、まだほかにも、歓喜があることを知っておいてください。

条件なしの歓喜です。

先日のセミナーでのこと。

ある方が、「すべてのものの価値が等しいとわかってしまったので、なんだかもう、何

もすることがなくなった感じです」ということをおっしゃいました。

でも、そこからが本当に【自分の価値観】でのスタートです。

今までは、社会の価値観、親の価値観で生きていたからです。

そして、何も特にすることがない……、この感覚を受け入れて味わっていくと、まことの歓喜がわかってきます。

ただ、ここに存在しているだけで、それだけで、すでにもう充分に至福だってわかってきます。そこが感じられてきます。

そこが本当の豊かさなのです。そしたら、あとは何が起こってくると思いますか？　当然、次の段階として神の心の欲が湧きあがってくるのです。つまり、全体・全員に貢献したくなっていくのです。

神殿である肉体にお供えをしましょう

「もっと富裕な体験をする許可って、どうすれば降りるのですか？」

「自分に対して、なかなか富裕体験への許可が降ろせません。どうしたらいいでしょう？」

というご質問をよく受けます。

そういう質問が、一体なぜ、みなさんに起こるのか……。

それは、多くの方々がやはり、肉体は個人が好きなように勝手に取り扱っていいのだ、と思い込んでいるからなのです。

あるいは、肉体は借り物だと知っている人でさえ、「肉体は下等なもの」とか「肉体は動物的なもの」と思い込んでいるからなのです。


肉体は、あなたが勝手にしたがわせたり、さげすんだりするようなものではありません。

神からの預かりものであり、全体に貢献するための大切な器です。

神の意識を宿らせ、神の決意を宿らせるための神殿です。

肉体には、神経というものが備わっているではないですか！

神経は、読んで字のごとく神の経絡で、神の意志の通路です。

そういう肉体に対して、【お供え】を充分にしていないのではないですか？

肉体が喜びを感じることを、もっと許可してどんどん楽しませてあげてほしいのです。

なぜなら宇宙（神）は喜びを楽しむために肉体をつくったからです。

許可が降ろせないのは、肉体を神殿だと思っていないからではないですか？

肉体にものすごく手ひどいことをしていませんか？

もっと大切に、精一杯の供養をしてください。

宇宙の気持ちは、「喜んでくれる人に与えたい」

今日、宇宙そのものの波動と一体化し、宇宙の気持ちをチャネルしてみました。

すると、ものすごくはっきりと理解できました。

それは、たとえていうなら、私たちが誰かにプレゼントをしたくなる気持ち（動機）とまったく同じ感覚です。

相手に、ただただ喜んで欲しくて、プレゼントする気持ち。

でも、プレゼントしたくなる相手と、プレゼントする気持ちにはなれない相手がいませんか？

私自身、つい先日も海外に出かけたとき、同行する友人にビジネスクラスを自然にプレゼントしたくなったから、その気持ちに素直にしたがいました。

プレゼントしたくない相手を考えてみたほうがわかりやすいと思うので、そういう人の共通項を書いてみます。

●「もらうと得だから……」という動機で、欲しがる人。
●自分で手に入れることは無理だから、なんとか他者からもらおうとする人。
●受け取るときに、あれこれよけいなことを勘ぐって、受け取りをためらう人。
●お返しのことをすぐに考えてしまう人。
●受け取らない人。
●何をもらうとうれしいと思ってくれるのか、さっぱり意思表示のない人。

こんなところでしょうか?

宇宙もまったく同じ気持ちなのです。純粋に喜んでくれるなら、どんどんその人にギフトしたくなってしまうのですよ!

つまり、豊かさと愛を素直に受け取る【許可】があって、しかも、ものすごく喜んでくれそうな人に手渡したくなるのです。

当然、そういう人はケチではなく、その人自身も、ほかの人に駆け引きなくギフトすることが好きなんですね。

ちょっと話の角度が変わりますが、たとえば、あなたがどこかで素敵な物を見て、「これが欲しい！」と思ったならば、その物質のほうもあなたを選んでいるのだという話を聞いたことはありませんか？

物質だけでなく、人もお金も状況も、あなたがそれを「欲しい」と思ったなら、それは相手のほうでもあなたを選んでいるのです。

すべては【両思い】なのですから！

身体感覚でしか読み取れないことがあります

「今日」という日の中に「昨日」に関する事柄を持ち越さないのは、じつに素晴らしいことです。

そして、「今日」という日の中に「明日」に関する事柄を思いわずらう波動を取り込まないのも、じつに素晴らしいことです。

それは、エネルギーの自然な変化（つまり発展）をうながすことになるからです。

頭が思いわずらう「明日」など、せいぜい過去からの延長と、せいぜい今日の延長で類推しているだけだから。

宇宙の波動は、どんどん高次になっていくのが普通で、つまり、どんどん栄えていくのが普通なのです。

日々、宇宙の心の波動は高くなっていき、より繁栄した豊かな状況を、肉体を通じて創造しようとするわけです。

ところが、【身体感覚】が鈍いままだと、その波動を受け取っても理解できず、現実化したいという欲求となって湧いてきません。

「頭」によって、過去や昨日の事柄に関する古い波動を握りしめたままであれば、【身体感覚】は鈍くなり、新たな現実を「受け取る」身体として機能できません。

以前、セミナーの会場でのある方のご質問に対して、「あなたが一体、何をおっしゃっているのか、全然わかりません！」と強くいってしまったことがあります。

たぶん、お気持ちを害されたことでしょう。

その方が日本語を話しているのはわかるのだけれど、その意味がさっぱり私の魂に響いてこなくて、まるで知らない外国語を受け取っているかのようでした。

そして、今日、旧知の男性に会っていたときのことです。

私に向かって、急に彼が自分の過去の古傷を口にした瞬間がありました。

このときも「ごめん！　何をいっているのか、まったくわからないけど！」といってしまいました。

彼はムッとして、「まあ、聞けよ！」と私に話し続けようとしましたが、「ほんと、意味がわからない！」と、それをさえぎってしまいました。

私には彼が不満をいいたいということしかわかりませんでしたし、そこには【豊かな波動】がまったく存在しませんでした。

私の【身体感覚】は豊かになっていたので、もはや、明らかにお互いの波動が合わず、彼の言葉の意味が通じないのです。これではコミュニケートできません。

私たちは日常、お互いが会話のやりとりをして言葉の意味そのものを【聞いている】と思い込んでいますが、言葉自体を聞いているというより、言葉に乗せた【波動（光情報）】を【読み取っている】のです。

たとえ「お前はバカだ」という言葉を聞いても、ちゃんと【身体感覚】で読み取れば、それがじつに愛に満ちた内容であるか、悪意があるのか、わかるのです。

でも、それは「頭」でわかることではなく、【身体感覚】でしか理解できません。

チャネリングにおいても、高次の情報はこの【身体感覚】で行うのです。

これを科学的にも説明できたらいいなあと考えていたのですが、今日、それがたまたまテレビ番組の情報でわかりました。

人間の耳は言語を聞きますが、聞き取れる音の範囲は、20〜2万ヘルツだそうです。

ところが、【身体感覚】（皮膚感覚）は、それ以上の波動を解析できるのです。

もともと、人の【身体感覚】は、本当に素晴らしいのです。

明日が訪れるときには、「明日」を構築する波動が宇宙（つまり地球）からもたらされているのですが、【身体感覚】が鈍くなっていれば、それと共振できず、過去の古いパターンに波動を下げてしまい、結果的に豊かな発展繁栄に同調できなくなるのです。

つまり、ますます満ち足りる体験をしましょう。

【身体感覚】を上げましょう。

「愛しています」と、自分に積極的に告げたり、うきうきできるような実践的なチャレンジを勇気をもって行ってください。

具体的なアクションをせず、ただ思うだけでは、【身体感覚】は活性化しにくいのです。

呼吸の質があなたの波動を上げる

各自の気持ち（各自の波動）が「呼吸」にあらわれています。それは浅いとか深いという単純な話ではなく、【呼吸の質】のことです。

真に満ち足りているとき、呼吸は最大に深くなり、まるで呼吸自体が消えてしまったかのようになります。「浅いのではないか……」と逆に勘違いするくらいかもしれません。

あるいは、真に感動して絶句するとき、呼吸が止まってしまうこともあります。

表面的な呼吸の状態ではなく、【質の深さ】【質の良さ】です。

「呼吸法」のような技法《テクニック》から入ることも悪くはありませんが、技法《テクニック》に走りすぎて、それが修行になってしまうと本末転倒です。呼吸の真髄は、技法《テクニック》ではなく、各自の至福となるのです。

【呼吸が現実を創っている】のです。【いのち】そのものである呼吸が、日々の現実を創っています。愛そのものである【ひ】（ひかり。素粒子。昔は素粒子を〝ひ〟と呼びました）を、呼吸として吐き出すことで現状のすべてが物理化され、それらをすべてまた吸い込んでゼロ・ポイント（＝空《くう》）に戻しています。自動的に創造されます。

これは、呼吸の質が素晴らしければ、各自の現状も素晴らしくなるということです。「中心のあなた」の波動が上がること、それはすなわち呼吸の質を上げていきます。呼吸の質が上がれば、あなたの波動も上がっていきます。アゲアゲな人生が創られます。

そして、もともとの私たちはアゲアゲな状態が本質であり、呼吸の質も素晴らしいのです。これが落ちるとしたら、それはたった一つの理由だけ。それは、【何かをとがめる思い】だけです。

私個人の例で申しますと、「時間とお金を損した」と「頭」が解釈したとたんに、そういう状態を創った自分自身や他者を【とがめて】しまい、自分の波動を下げて、イライラ波動を創造してしまいがちでした。


以前、こんなことがありました。

名古屋にある熱田神宮へタクシーで行ったときに、運転手さんが道を間違え、「代金」は余分にかかり、「時間」も余分にかかり、本当に頭にきたことがありました。

でも、「何を怒っているのだ？『お金』というものを『光』というミクロの状態で自分の内側に無限に持っているのではなかったか？」と、熱田の神に指摘されて気づくことができました。「頭」の信念に対して、いかに、「偽の自我」がすぐに感情反応するか、しっかり気づかせていただきました。

今朝もまた、同様に気づきました。

朝10時までにレンタル店に返却すべきＤＶＤがありました。けれども、目覚まし時計を止めて、うっかりまた、寝てしまいました。二度寝から目覚め、「あっ！」と思った瞬間、「ちゃんと起きることができず、時間を無駄にした」という感情反応と、「２１０円の延滞料を払うことになった」という【損得】の感情反応が湧きました（笑）。

そして、そういう自分自身を、瞬間的に無意識にとがめていました。目覚まし時計にも非難を浴びせていました。延滞料を取るレンタル店のこともとがめていました。すべては自分の内側で一瞬のうちに起こったことでした。

こんなふうに、あまりにも簡単に私たちは自分の波動を下げ、呼吸の質を下げ、不満と怨念だらけの呼吸にしてしまうのです。そして、今朝、そこに気づけた自分に感謝できましたし、その事柄にも感謝でき、満足できました。

「頭」がする思考を観察する癖ができると、自分が無意識に行っていたことに対してだんだんと繊細に気づくことができるようになっていきます。

満足と豊穣の波動のまま、その呼吸のまま、日々過ごしてください。

「達成感」と「豊穣感」はまったく別のものです

【達成感】と【豊穣感】（満ち足り感）は似て非なるものです。多くの人が、この二つを同じことだと勘違いしていますが、まったく違います。

【達成感】を求める人は、【今ここ】を望ましくない状態と認識して、そこから、別のところに望ましい状態を設定してゲームを開始するのです。望ましくない状態に立ったままで、山頂を目指すゲームになるのです。

ビジネスゲーム、マネーゲーム、恋愛ゲーム、権力闘争ゲーム、数字達成ゲーム……などなど。「私の現実はかくあるべし」（望ましい状態）というような、【達成感】を求めるすべてのゲームは、【今ここ】という「豊穣のゼロ・ポイント」を、「望ましくない状態」と設定してから始めていることが多いのです。

あなたは、恋愛を達成しようとしていませんか？

あなたは、特定の「数字」や成果を達成しようとしていませんか？

あなたは、勝利の座を達成しようとしていませんか？

あなたは、知名度アップを達成しようとしていませんか？

あなたは、信者集めを達成しようとしていませんか？


【豊穣感】を味わうゲームをしたい人は、このような【達成感】ゲームから脱出するしかありません。でも、どちらのゲームを選ぶのも個人の好みなのですから、私はとやかくいいたくありません。


望ましい状態を目指すなかれ！

なぜなら、すでにそうである自分だから！

何かを目指すなかれ！

なぜなら、すでにそうである自分だから！

どこにも向かうなかれ！　何も目指すなかれ！

【今ここ】に向かっていてください。【今ここ】を目指していて下さい。

【達成感】を求める人のゲームでは、プロセスとして「達成できない状態」さえも創るのです。【達成感】には障害物がたくさん必要ですし、困難や葛藤もたくさん必要です。努力、奮闘なども必要です。

【豊穣感】には、そういうものがまったく介在しません。なんの条件も不要ですし、辛すぎる努力も、資格も不要です。

たった今、【今ここ】において、豊穣の波動を土台としてすべてを実践するだけのことです。

それに引き替え、【達成感】ゲームをしたがる人の背後には、必ず【無力感・不足感】が隠れているものですよ。

お金はもらうよりも出すことを喜びましょう

今日、あるスピリチュアルリーダーの先生とお話をする機会がありました。

私もいろいろと実験をするタイプですが、その先生は、もっとスケールが大きい実験をしているようです。

まず、お金についてですが、お金は「出す」ときのほうが大事だとおっしゃる点は、私の思いと一致します。

お金を「もらった」ときに人間はうれしいと感じるけれど、出すときには、それ以上にうれしい気持ちで出せたなら、お金はものすごく循環するということです。

相手の方に最高に幸せになってもらうようにと意宣《いの》ってお金を差し出すとき、弥栄《いやさか》の循環が始まります。

常に常に、出すことを喜べるようになることです。

それが内なる豊かさの表現だからです。

また、敵やライバルといった存在に対しても、相手が最高の活躍ができるようにと祈っていく。

相手のポテンシャルを上げていくように意宣《いの》っていく。

相手をやっつけるという動機や、打ちのめそうというエネルギーを少しでも持ったなら、持ったほうが負ける。

そういったいろいろと面白いお話をうかがうことができました。

昔、あんなに競争意識の強かった私が、今は別人のようにすんなりと、「ライバルである相手の最高レベル」を意宣《いの》ることができているように思います。

ここまで来ると、どんどん運気は上がっていきますね。

みなさんもぜひ、すべての弥栄《いやさか》なることを真剣に意宣《いの》ってくださいますように。

何よりも大切なことです。

どんなに「自分は実践しています！」といったところで、現実が何も改善されず、何も変わらないならば、それは本気で意宣《いの》っているとはいえません。

「大切にする」とは「生かしきる」ということです

物を大切にする。自分自身や自分の肉体を大切にする。

こういう言葉を聞いたとき、どんなイメージが湧きますか？

大切にする……。それは、扱いを丁寧にするとか、むやみに使いすぎないようにするとか、そういったイメージがありませんか？

でも、大切にするということには、もっと深い意味があります。

それは、【充分に活用する】ということなのです。

物を大切にするとは、その物を充分に活用して生かしきる、という意味です。

その個性あるいのち（＝働き）を、充分に発揮させてあげることです。

肉体も、神の器として充分に活用しきることが、それを大切にするということです。

身のまわりの物が、もう今の自分にシックリこなくなったら、それは活用してあげられないということなので、もっと活用してくれる人に譲るか、リサイクルするときなのです。

お金も、活用してあげることが、大切にするということです。

本来のお役目を発揮させてあげられないなら、大切にしているとはいえないのです。

最高のヒーリングとは何でしょう

ヒーリング、つまり「癒し」ですが、それは病気の治癒のことでもなければ、手当てのことでもなく、ましてや一時の安心や気持ち良さのことでもありません。

最高のヒーリングは、最高にパワフルな状態のことをいうんですよ。

「ああ、生きてて良かった！」

「生まれてきて良かった！」

そういう喜びの状態のことです。これが私たちの「生命の根源」ですし、ビッグバンを起こした生命力なのです。

類いまれな生命力、気、意志、何でもできるポテンシャル、これらをどれだけ思い出せるか……です。

ヒーリング状態＝最高にパワフルな状態は「目指す」のではなく、今ここにおいて、「どれだけそれを思い出せるか」なのです。


すべてを内なる空《くう》に持っている私たち。それを思い出し、そこにフォーカスし続けることです。意識し続けることです。焦点を当て続けることです。

そこには、自分自身へのかぎりない情熱と愛が不可欠です。

意識し続けることで、そういう肉体やオーラになっていき、現状を開くのです。

「頭」だけのイメージや、「頭」だけの理解では追いつかないものです。「頭」だけでは、単なる夢見る夢子さんで終わるだけです。

「今ここ」は、実践・実行するための物理的次元なのです。

もともと肉体の中に含まれている最大の生命力をしっかり味わい、自覚し続け、そのエネルギーのままで生きてください。

身体の癖を変えましょう。豊かな人、富裕な人が持つであろう意思を持ち、富裕な人が実践するであろうパターンを真似することです。できるだけ限界まで。

恐怖が湧いたら、ただ、そのまま自分の内側で受け入れて、眺めるだけにしてください。恐怖は湧き出てきただけであり、そしてあなたから「出ていく」だけなのです。

恐怖のエネルギーが出てきてくれることで、それから解放されて全身の波動が上昇します。自分はすべてをすでに持っている……これを当たり前に感じるまで、身体の癖を変えてください。

それが普通に思えるまで、具体的に行動してください。

限界を超えて実行してください（死なないから大丈夫）。

富裕な体質に慣れてください。

物質も、お金も、叡智《えいち》も、才能も、全部持っている自分なら？

そういう自分なら、どんな発想になる？

どういう言葉を発する？

どういう振る舞いになる？

「すでにある！」というバイブレーションに慣れてください。

癖を変え、カルマを変えていくには、自己への強い愛と、富裕さへの強い「受け取り」欲が必要です。

許可することで現状は変えられます

素敵なことを体験する許可、もっと喜ぶことを自分にOKする許可、もっと物質的にも内面的にも豊かな経験をする許可、そういう【許可】をMAXまで拡大してください！

許可することによって、たくさんの生命エネルギー（気・素粒子・光）が「あなた」から生み出されます。これを創造性といいます。

ケチケチしないで、許可をMAXまで拡大してください。

許可をしないで、今までの範疇の中で「なぜ幸せじゃないの？」と愚痴っていても何も変わりません。もうとっくに終わっている、〝飽き飽き〟している人生のありようや、現状そのものに感謝をして、完全に終わらせてください。

終わらせたくなくて執着しているのは、「あなた」です。自分で決めてください。

誰にも「あなた」の決意を代わりに変えてあげることができないのですから。

許可とは、無条件の許可。自分に【許可】を降ろすことに、何の資格も必要ありません。

「ハラをくくる」のが大事なのには理由があります

物理世界をつくっている中心、それはじつは【丹田】（ハラ）なのです。この【丹田】が、全創造の源に直結しています。

逆に、「頭の思考」はそれに制限をかけるブレーキの働きです。

ですから、ハラをくくる（つまり、決意する）ことだけが大事なのです。

パワーグッズはもう不要！

「パワーグッズはもう不要」ということを強く伝えたいと思います。

パワーの中心とは、みなさん自身の中心のこと。外にパワーを求めて頼ること自体が、自分を弱くします。

「パワーグッズ」を求めていた方は、すべてが今までと逆の発想でいい、と思ってください。

●神も仏も、本来は内側にしか存在していない。
●しかもあなたは人間ではなく、神であった（神という心であった）。
●結果が先で、ストーリーの展開（体験の楽しみ）はそのあとだった。
●思考はあなたではない。感情もあなたではない。
●豊かさとは、ほかから得るものではなく、ほかへ放出するものである。
●豊かな思いや余裕の心が、豊かな現状になっていく。

ということです。

あなたは栄えて幸せになるように
DNAの中に組み込まれているのです

動植物を含むすべての【いのちあるもの】には、必ずDNAの「指令」が入っています。

もちろん、人もそうです。

そして、真のDNAの指令とは、単に種族だけの「数」の繁栄のことではなく、【いのちあるもの】の「まことの性質・本質」であるところを体験せよ！　というものです。

【一体である喜び】【一つである喜び】を体験せよ！　という指令です。

あなたの中を流れる【いのち】の真の性質は、「全体一つである喜びを味わっていけ！」という「DNA指令」そのものだということです。

この【全体一つである喜び】という「指令」を実践しよう！　と決意するからこそ、初めて各自のDNAが活性化するわけですから、そうでないなら「DNAアクティベーション」（まことの才能開花）は絶対に起こってきません。

【いのちあるもの】の根源には、「創造の源」の意志がきちんと「DNA指令」として入っていて、単なる生殖やお金や物、名誉称号の獲得が指令の主軸にはなってはいません。【いのちあるもの】への「DNA指令」は、もっと生み出せ！　とか、もっと増やせ！　ではなく、「もっと【いのち】のまことを経験せよ！」ということなのです。

つまり、それは【いのち】の「まことの在《あ》り方」を経験せよ！　ということであり、【全体一つである喜び】そのものとしての【いのち】をちゃんと味わえ！　ということだったのです。

「全創造の源」が【全体一つである喜び】を性質としている以上、私たちにもこの【全体一つである喜び】がすでに「存在の中心」に備わっています。

この【全体一つである喜び】が素直に指令どおりに実行されると、さらに新しい【いのちあるもの】がつくられて繁栄進化していきます。

愛し合うもの同士、引き合うもの同士が【全体一つの喜び】を味わうからこそ、新しい創造が楽に可能になるのです。その喜びを抜きにしたまま、やみくもに数を増やすことが「創造の源」の目的ではありません。

【全体一つである喜び】を主軸として忘れず、それがしっかりコピー転写された【いのち】をますます増やし、「進化」していくことが「弥栄《いやさか》なる発展」です。

「独自」「個性的」という意味を持つ【ユニーク】という言葉があります。【ユニーク】の「ユニ」は【一つ】という意味ですから、「一つであるものが独自になっている」という、まさに「創造の源」の意思を伝えていることになります。「進化」「弥栄《いやさか》なる発展」は、「生殖」においても、「流通経済」においても、「産業やビジネス」においても、「人間関係」においても、あらゆる人生の領域を通じて常に体験しようと欲求するものなのです。

1、【全体一つである喜び】が源。天。空《くう》。

2、その喜びをもとに、そこからたくさんの喜びたちを創ろうと意図する「天意《あい》」の発動⇓(出力)（喜びの貢献）

3、「天意《あい》」が凝縮して具体的創造物となり、それを味わい喜ぶ⇓(入力)（喜びの受け取り）

この中のどれかが滞ると、弥栄《いやさか》なる進化も循環しなくなり、弥栄《いやさか》なる発展繁栄が止まります。

特に、一番根本であるはずの【全体一つである喜び】から各自の心が遠く離れて忘れ去られてしまうとき、「創造の源」の波動の質から完全にズレてしまい、「愛や喜びが少ないもの」を創り出す人間世界となっていきます。

あなたの思考や表層の想念は、常に不安や心配や嫉妬となって、あなたを多少なりとも揺さぶることがあるかもしれません。

けれども、それらにあなたの心を向けてしまい、不安と一体化してしまうと、あなたの日常の流れはその波動の質を味わうものとなるのです。

でも、あなたが、「創造の源」の意識の【全体一つである喜び】という波動に合わせるなら、人生の物事の流れは【あらゆる全体との一体感】を深く味わうことになります。

そして、弥栄《いやさか》なる進化（神の世界）の流れに乗ることができます。

人生の動きや現実の豊かな流れは、どこまで行ってもあなたの「波動の質」しだいとなりますので、「創造の源」の「喜び波動」に合致合体させていくことです。

欲しいものを手に入れる、たった一つの方法

「このほうがうまくいく」
「こうしたほうがいい」
「こっちのほうがいい」

こういう考え方を、私たちは普段当たり前のようにしています。

頭はどちらが得かと考えるのです。

「〇〇だから、こっちがいい」と理由を考えます。

特定の主張を強く握りしめると、周囲（宇宙）も反発してきます。議論や葛藤は、たったこれだけのことで生まれてきます。

でも、こっちもあっちもなく、本当にどちらも一理あるのです。こんなときこそ、両方とも繁栄するようにと祈ってください。


「こっちのほうが料金が安いから……」と、よく口にしますよね。お金がからむと、よけいにすぐ頭が働いて、安いほう、お得なほうを選ぶという癖があるからです。

この癖は、どこからくるのでしょう。じつはこれは、お金が入ってくるにはかぎりがある、無限ではない、という信念からきています。

ですから、「このほうが安い」と頭を使って考えることは、自分に入ってくるお金は有限なのだという信念を強化するだけです。

【有限】だと信じているから、当然、損得勘定になっていきます。

私たちは今後、お金によって現実を引き寄せることから、受け取る決意によって現実を引き寄せていく体験に慣れていく……というところに来ています。

お金も含めてですが、欲しいものを受け取る方法は、たった一つ。

選択する際は、内なる神に向かってシンプルに、「これにしよう！」と喜んで選択し、宣言するだけです。

その喜びの波動だけで決まるのです。

外なる神や、外なる商談相手や、パートナーにお願いすることではないのです。それでは、他者から奪おうとしていることと同じになってしまいます。

内なる神（内なる光）に、「これを体験したい、これが欲しい」と単純にいえたなら、欲しいものを受け取ることは、１００パーセント可能です。

「そうはいっても、お金は別じゃない？」と、まだ思っていませんか？

誰もが正直なところ、お金に関しては気持ちがとらわれやすいのです。だから、常に「損だ、得だ」と感じているわけです。

「お金も内なる神にいえば循環してくる」といったところで、心の深い部分で、そんなことは嘘だと思っていませんか。

「うまくいくわけない」と頭が主張していませんか。

私たちは、生まれたときから、「万が一のために貯金するのよ」「お金を湯水のように使ってはダメよ。大事になさいね」とか、「無駄遣いしないように」「お金がないと人生はみじめだ」「お金を借りてはいけない」などなど、お金にまつわることを知らないうちにたくさん教え込まれてきました。

欲しいものがあってもお金がなくて買えないという、親の体験を見たこともあるでしょう。けれども「働かないとお金を得られない」という思い込みを握ったままでは、いくらお金を望んだところで簡単に楽しては受け取りにくいのです。

今までお金が循環しなかったのは、「決めるだけで望みが叶うはずがない」と信じていた過去の体験記憶にすぎません。お金は自分だけのところにかき集めるものだと思い込んでいたからです。でも、お金は気持ち良く受け取って、また全員に循環させるものです。

「望んだものは受け取ることができる」という法則を知っていることが大事です。

それは、エネルギーに対する深い理解から生まれます。そして、お金に対しても物に対しても、愛おしむ心を忘れてはなりません。

第五章

良い・悪い

良いもの・悪いものの決めつけが身体の不調も引き起こすのです

より良い技法を求めて、良い先生を探し続けて、より良い生活を求めて、より良い彼を求めて、良い職場と良い人生を求めて……。ひんぱんに耳にしますよね。

こういった【良いもの】とか【より良いもの】という表現がありますが、宇宙の中に確定した絶対的な良いものなど存在しません。

また、絶対的な悪いものも存在しません。

そのときにおいて、個人的に最高で適したものがあるだけなのです。

もし、絶対的な悪いものがあったならば、それは最初から宇宙には存在できていません。

ということは、絶対的な良いものもないということです。

個人的な解釈や好みというモノサシを使って相対的に評価した場合、有限で一時的な「良い・悪い」は存在するかもしれません。あるいは完全に個人の好みです。

でも、どこまでいっても個人的で、相対的で、部分的な「良い・悪い」なのです。全体には通用しません。愛に満ち、受け入れられ、平等であること、それが全体の本質ですから。

でも、あなたは「良いもの」という解釈を採用することで、同時発生的に「悪いもの」も創ります。

あなたの「良いもの、より良いもの」という分類から生まれた創造物の裏には、「悪いもの、より悪いもの」が創られていきます。

そして、なぜかあなたは片方を否定し、それと争う。

「良い・悪い」を採用し、しかも片方を否定するとき、つまり、少しでも何かと争う意識になるとき、それは必ず肩コリなどの症状に出ます。

身体の不調和は、あなたが何かと争う態勢から生まれるのです。

身体が自然に行っていることに何も間違いはないのですが、あなたが喜び以外の動機から、争う態勢になっているときに不調和を起こすのです。

何かを否定する心や怖がる心と、あなたは無意識に争う態勢になっていきます。

【恐怖】をもとに、他者と張り合う、売り上げで争う、技術で争う、容姿で争う、知名度で争う、信奉者の数で争う、実績で争う、過去の自分と争う、所属する団体の規模で争う
…ｅｔｃ．

あなたの争いは、身体がすぐに「ストレス」として教えてくれます。教えてくれているのに、さらにあなたはストレスとも争おうとするから、よけいにストレスが増して、不調和を起こすのです。

頭痛、吐き気、腹痛、耳鳴り、人によってさまざまな不調和を起こします。

薬や治療でいったん軽くなったとしても、自分の中には根本的に【争う姿勢】が残っているので完治しません。たとえどんな名医を頼ってみたところで……。

しかも、その不調和な身体を「悪いもの」として否定し、その症状とも争うのではありませんか？

医師やヒーラーが「良くしてあげよう！」という思いを抱くときも、自分自身が身体に向かって「良くなって！」と命じるときも、その根底にあるのは「今ここの症状」への無意識の否定と争いではないでしょうか？

慈愛に満ちたかのような「良くしてあげる」「良くなってね」の思いの裏には、症状への争いと、身体への不信があるのではないでしょうか？

本気で治癒力を信じ、なおかつ何ものも否定せず、何ともいっさい争っていないなら、不調和な状態が長引くことはあり得ません。

同じ症状を繰り返すこともないのです。

あなたの中に、【良い・より良い】の考えがありませんか？

それは争いを生みやすい。

お互いを高め合う競い合いなら、弥栄《いやさか》繁栄につながるのですが、相手を否定するための争いは自分もパワーダウンすることになります。

あなたは一体何と、誰と、いつまでも無意識に争っているのでしょうか？

争いが起こるのは、「良い・悪い」の発想からです。相手を否定するからです。

もう、良いものを求めて、悪いものを創るゲームをやめませんか？

そのゲームがダメだといっているのではなく、良いものを追求したら、必ず悪いものもついてくることを忘れてはなりません。

そして、そのときには、両方を受け入れる責任がともなうのです。

責任を取るのが楽しくないなら、良い・悪いをもとにした争いをすべてやめるしかありません。

身体を完治させたいなら、何かを否定し争うようなことは終わりにしましょう。

何かを嫌って争うとき、肉体は不調和を起こします。

医師やヒーラーもそのことを知っておく必要があります。喜びに満ちた治療を実施したいなら、肉体の、【すでに完全治癒】した状態を意識することが不可欠です。

どこまでいっても、主役は本人の肉体です。その肉体のパワーを出させてあげるために、本人が何に対しても、誰に対しても、いっさい否定していない状態をつくれるように意識してください。

エゴは善悪を生きる癖ができています

まだ生命や存在や光がいっさいなかったとき、すべての原点は、「純粋な栄える意志」でした。先に「空《くう》」という広がりがあったのです。そこは無数の「自分という光【点】」で満たされているフィールドでした。

この光の点がゼロ・ポイントです。無数＝ゼロです。

空《くう》の中ではなんでも無数にあるから、何も求めなくていい。

目的もなくていいし、しなくてはならないこともない。

だから、「自分という【点】」が存在する特定の意味も意義もないわけです。


「一体、自分の素晴らしさって何？」

存在する意義を見つけたくなったときに大爆発を起こし、光が外へ反射していき、個々の光と光の間に距離ができあがって、【実空《じっくう》】（現実宇宙）となったのです。

そして、現実宇宙を体感するための肉体をつくり、やがて個人的な自我（エゴ）をつくっていきました。


もともとの世界は、ただ楽しく体験する世界でした。単に味わう世界でした。

心の痛みや肉体の痛みを、ただ「痛いなあ」と体感するだけでした。これが痛みなのかと観じて察するだけでした。

出来事を受け入れて、感じて察して知ったあとは、それらのすべてが虚空《こくう》に戻ります。空《くう》になります。

つまり、感情がなくなって、ゼロ・ポイントに入ってしまうのです。

この実空間は、本来体験する世界。体験して終わらせる世界です。

でも、個人自我（エゴ）になると、そうはとらえない。

個人自我は、「何が良いことで、何が悪いこと」「何が正しくて、何が間違いか」など善悪に生きる癖ができています。

たとえば、「なんでこんな痛い目に遭うのか⁉」という疑問が湧いたりします。

そのとき、心の奥にはたいてい、「痛い目に遭うのは良くないこと」というデータがあり、痛み＝悪い、と判断しているデータがあります。

一瞬のうちに判断して裁いているのですが、自分でも気がつきにくいほど速いものなのです。

あなたが創り出した個人自我は、「こんな痛みを味わうなんて、自分が何か間違えたのかもしれない」と考えたりします。

やり方や対策を変えてみたり、良い子にしていたら痛い目に合わなかったりしたんじゃないか、などと思ってしまうのです。

そのように周囲から教えられてもきました。

でも、もともとは、あなたが痛みを知りたくて個人自我を通じて体感しただけのものなのであり、あなたは痛みそのものではないのです。

正しさも理想もない、ただ受け入れればいいのです

いろんなご相談を受けていて気づくこと、それは正しい方向や理想的な方向へ、早く持っていこうと焦っておられる方が多い、ということです。

今の個人自我（エゴ）の【在《あ》りよう】を、「良くない！」というふうにジャッジされている方が多いことです。

それはもうやめませんか？

だって、それは「ただそうであるだけ……」だからです。

豊穣の人生は、無条件の愛のもとにしか微笑んでくれません。ただそうであるだけの個人自我を、ただそのまま「無条件に」受け入れてください。

「あなたという意識」は、個人自我を観察しているだけだし、感情は【情報】なのですから、この情報（データ）が何なのか、それを知るだけのことです。

悲しいのは……、そこに「これは悲しいことだ」という情報（データ）があるだけ。

辛いのは……、そこに「これは辛いことだ」という情報（データ）があるだけ。

どちらも、データに反応する個人自我を見たかっただけ。ただそれだけ。理由などありません。

それを無条件に受け入れないから終わらないのです。

この受け入れが充分になされることが大切なのであって、正しい人生や理想の人生などというものは、そのあとで構いません。

理想を捨てれば
すべての願いが叶います

人間の性格、つまり人格に理想などない！

人格の【すべて】が、人間経験（人間観察）をするための大切な道具ですから、そこに特定の理想はありません。

つまり、「ああすべきだ」「こうすべき」「こうあるべきだ」とか、そういうものがいっさいないのです。

そして、自分の人格は他人と同じものを持っているのですから、そこで比較する必要もありません。

自分についての特定の解釈を持つ必要がありません。

ですから、「自分はこうあるべきだ」という、【特定の価値観】を落としてください。

そういう理想、そういう価値観を全部そぎ落としてください。

人格をすべて受け入れて、人格の体験を味わって知っていくためには特定の価値観があっては邪魔なのです。

人格だけではなく、今の状態や状況にも【特定の価値観】を持たないことです。

人格や現状は【有限】のものとしてとらえ、単なる瞬間瞬間の喜び溢れる体験なのだと認識していてください。

かつて、私の師はこういっていました。

「ある瞬間に私は怒り、またある瞬間には悲しく、また嫉妬し、また喜ぶ。瞬間瞬間、なんであれ、起こることは受け入れる。そのとき、私は【全体】を知り、【全体】となる。

人間は特定の価値観に縛られるほど、苦しみ・葛藤が多くなる。心理的な痛みは、完全な受け入れによってのみ終結する」

私も完全に同感です。

かくあるべし！　こうであるべき！

それらは【たわごと】なのです。

理想を捨てることで、あなたの願いは全部素直に叶うのです。


日々毎瞬、特定の理想を持たないことによって、その瞬間における【特定の理想】を知ることができるのです。

それなのに、あなたの「頭」が、過去の特定の理想とやらを（つまり古い観念を）「今ここ」に持ち運ぶことで、あなたは「今」の理想を逃しているのです。


常に【価値の均等化】なのです。

すべてを同じくし、何にも偏らないことです。

何にも偏らないということは、特にこれがいいという思いも湧かないということでもあります。

いったん、すべてが均等になった後、ふたたび自動的に全体意識「空《くう》」から、【偏り】（特定の理想）が喜びとともにもたらされます。

この【偏り】というのは、特別にこれが素敵だと思えることであったり、特定の夢や願望のことであったりします。

毎日は
トキメキとワクワクで過ごしましょう

自分が最も歓喜することや、ワクワクすることを体感しているとき、その方面のＤＮＡや才能が開きます。

今朝、私が床の掃除をしていたときのこと。空間からやさしい声で、こんなふうにいわれました。

「今まで決してワクワクしなかったことや、苦手で嫌いだと思い込んでいたことでさえ、まごころを込めて行うと、その方面の才能やＤＮＡが開く。愛をこめて、丁寧な気持ちで行うことだ。

だから、やっきになって『自分は一体何がうれしいのだろう?』とか、『一体何に対してワクワクするのだろう?』『自分は何をすることに向いているのだろう?』などと考える必要はない」

【特定の事柄】を探す必要がないのです。

【特定の理想】を探す必要がないのです。

これぞ、【弥栄《いやさか》に心からの誠意を尽くす】ことなのです。常に、まごころとトキメキと歓喜を出し惜しみせずに、日々、お過ごしください。

他者の価値観ではなく、自分の喜びに忠実に

私たちの「頭」はこれまで、どれだけの不自然な価値観をインプットされてきたことか。

「頭が思う平等」と「真の平等」（宇宙の平等）は、まったく違います。

あなたが本当に心身ともに満足すること、これが平等の基本です。

毎瞬、いついかなるときも、「全体・全員」が満足するように、宇宙も肉体も現実を創造するようにできています。

外側での見える形を競い合うような「価値観」や、自分や他人を否定するような「解釈」を捨ててください。

弥栄《いやさか》に誠意を尽くすのはなんのため？　それは、【自他ともにまことに満足するため】です。満足したら、また次の満足のために弥栄《いやさか》に心からの誠意を尽くすのです。

弥栄《いやさか》という特定の「形」があるのではありません。

「頭」はこういうところにも特定の解釈をしてしまいますが、内面に弥栄《いやさか》なる思いが湧かなければ、つまり、自分の内面に満ち足りた思いが土台としてなければ、心からの誠意を尽くしたことにはなりません。

いちいち説明をしなくても、肉体はこのことを知っています。

しかし、「頭」は知りません。

あなたの人生がもし豊かに感じられないなら、それは「あなたの価値観」ではないものを握りしめているからです。

「こういう自分であらねば……」

「こういう仕事で、これくらいの収入であらねば……」

「こういう住まいでなければ……」

このような価値観は、他者や世間から刷り込まれたものかもしれず、肉体から自然に湧く「欲求」を無視させてしまいます。

あなたがうまくいかないのは、他者の価値観に沿うからです。

自己の喜びに常に忠実になり、できる範囲で行動の実践をしてください。

「お金」だって、そのためにのみまわってきます。あるいは喜びのための「事柄」が起こってきます。

十二分に自己を満たしてあげないと、他者にもエネルギー提供ができません。

ときどき電話をくれる古い友人がいます。内容は決まって「仕事の相談」です。

彼女の根底には、「生きていくため、自分にベストな仕事は何か?」という思考があります。

長い間、霊能師として活動してきた彼女は、最近では「スピリチュアル系のこと」を何か仕事にしようと必死で、そこから離れることができません。

向いていないわけではないのですが、スピリチュアル系のことは、過去世からの慣れ親しんだ仕事でしかなく、今、彼女がすべき役割はまったく違うもののように感じます。

私が、彼女の肉体に意識を向けてみると、「これが満ち足りること!」というある明確なビジョンが見えます。

彼女の肉体は常にアピールしているのですが、「頭」が邪魔になっていて、その本心をキャッチできず、彼女の「いのち」（＝神）が、肉体を通じて自己表現できないままなのです。

だから、仕事がうまくいかないし、たとえたまたま「形」がうまくいってお金が入ってきても、なぜか内面が「虚しい」ままなのです。

第六章

私と宇宙の真理

「心配」がある人、それはラッキーな人です

悩みがある方、つまりなんらかの「心配」がある方、これは深い意味からいいますと、【とてもラッキー】なことです。

病気を体験するのも、人間関係であれこれ起こるのも、【いのち】をもらっているからこそ、なのです。

「心配」が「ある」のは、生きている証拠です。

そして、肉体のアンバランス（病気）であれ、心ののアンバランスであれ、それは、より栄えていこうという【いのち】のあらわれです。

アンバランスがなければ、バランスに向かうというプロセス（ストーリー）の体験ができません。

私たちは、プロセス（ストーリー）の体験をするために現実宇宙を開き、「今ここ」を生きているのですから。

どんな映画でも、プロセス（ストーリー）を見るのが目的であるのと同じです。

今朝、喫茶店でお茶を飲んでいたときに、「心配」の語源についてメッセージが来ました。

【生きているのは心配するため】なのです！

現に、ご相談を受けるうちの8割の方が、「今、特にこれといった心配もないけれど、どうやって生きていったらいいのか、何に取り組めばいいのかわからない。目的がなくて苦しい」というものです。

心配ごとがないということ、これが真の幸福だと思っているならば、それは違うということです。

【生きている】ことと【心配する】ことは、同義語です。

心配することは生きていることで、心配が止まれば心配停止……。

「これがほんとの心肺停止！」です。だから、心配して生きていけばよいのです。

ただし、メッセージには続きがありました！

「【心配】とは、人間が信じている意味の心配ではない。

【心を配る】ことが心配の意味だ」と。

心を配る、つまり、【意識】を配る、【意識】を向ける、ということです。

あなたは何に対して心を向けていますか？　何に心配していますか？　何に対して心を配っていますか？

あるがままの自分の良さや、あるがままの現実の良さに心を配ってみませんか。

辛さも苦しさも すべては自分を責めて罰する心が原因です

辛さ・苦しさは、本来の宇宙には存在していないし、本来の（根源の）【本質的な私たちの性質】でもない。まずはそれを思い起こしてください。

生きる喜びと好奇心と満足、そういうエネルギーが「いのち」の本質です。

「もっと全員で、素晴らしく弥栄《いやさか》に生きよう！」、これが原点です。

だとしたら、辛さ・苦しさはどうやって生まれるのか？

それは、【自分を責める心】から生み出される。自分をとがめて罰する心から生まれます。

それは、「いのち」への否定です。

私たちは、時として自分の具体的体験や経験、そして起こる出来事に対してはもちろんのこと、それにより生じる感情、反応に対しても、無意識に【責めて罰する】ことがあります。「これではダメだ！」と。

そういう【無意識に責める心】やとがめる思いが、自分自身の生きるパワーをダウンさせ、次元を下げ、結果として自分の中に辛さや苦しさを生み出します。

ですから、何かの出来事があなたを苦しくさせているのでもないし、外的条件があなたを辛くさせているわけではないのです。無意識に自分を責める心だけが原因です。

無意識だから苦しいわけですから、試しに今度は逆のことをしてみると、面白いことがわかります。

しっかりと自主的に、意図的に、積極的に、楽しむくらいに自分を責めてみるのです。

「さあ！　さらにもっと自分を責めるぞ！」と。こうなると、もう笑えます。

無意識のまま、気づかないまま、自分を責める心が満杯になれば、他者や全体を責め始めます。他者や全体に対しても反感を持ち、反撃したくなります。

こんなときは、【自他の繁栄】などを願うなんてもってのほか、という心になっているでしょう。本当の自分（弥栄《いやさか》を願う自分）を忘れているどころか、遠く離れてしまっているわけです。

でも、こんなときでさえ忘れて離れているだけであって、原点としての本質は何も変わっていませんが……。

ですから、あなたが全体の繁栄を願えないときがあるのならば、それは自分が自分の何かを責めてとがめていないかどうか、それに気づいてください。

こういう、自分を責めてとがめる心は、あなたのエネルギーでもなければ、光としての本質的なあなた自身でもありません。

それはまるで【つきもの】のようにあなたの肉体を通過しただけのものです

それらは、フワフワとどこからともなく流れてきて、あなたが勝手に「自分の思いだ！」と勘違いして捕まえたものにすぎません。

いつも、ほかのために在《あ》るのが「あなた」

どんなに立派な力を持った心臓でも、心臓は、心臓のための心臓ではないのです。ほかの臓器のために心臓として働くのです。

どんなに立派な力を持ったあなたでも、あなたは、あなたのための「あなた」ではありません。ほかの者たちのために「あなた」として働くのです。

「感じる」ことを行い、すべてを知ろうとして生きましょう

あなたという「空《くう》」は、喜びの【観察意識】です。観察とは、観じて（感じて）察することだから、あなたという「空《くう》」は感じることを通じてすべてが豊かに発展することを知っていこうとしている。

つまり、まだ体感していない喜び（知っていない喜び）を、感じて知っていこうとする「意」（意図・意志・願望）が「空《くう》」なのです。

「空《くう》」の意は感じることそのものにあります。「空《くう》」は毎瞬毎瞬、感じることで知ろうと意図しています。そのために体験をします。

「頭」で考えているとき、あなたは全面的に感じているとはいえません。逆のことをいえば、感じているときは「頭」が休憩できます。

あなたが創造している日々の出来事は、実際に体験して【感じて】いくためにあります。

感じて、それそのものを知ることで体験が完結し、叡智《えいち》となります。

感じること、それは「頭」による思考とは違い、純粋に情報を得ている状態です。

チャネリングも、感じる能力を使って情報を受け取っているのです。

感じる能力にも段階があって、より中立な愛を持っているときほど、高次の情報を感じられます。「良い・悪い」というモノサシ（思い込み）が少しでもあれば、感じること自体が低次のものになります。

つまりモノサシに感情反応することしか起こってこないのです。

そして、低次が悪いともいっていませんし、低次が「程度が低い」ことでもありません。

感じることを行って、すべてを知ろうとして生きていると、【皮膚感】というのでしょうか、物事が敏感にわかるようになります。

「○○であるべき」「○○とはこうだ」という考えを手放すのです

たった一つの「創造の源」（空《くう》、神）は、こよなく「おのれ自身」を愛しています。おのれ丸ごとが、「天意《あい》」でしかない。

となれば、そのコピーとしての（個としての）私たち光の粒々たちも、「源」と同じ性質を持っているのですから、「おのれ自身」をこよなく愛しています。

「自分を喜び溢れる状態にしたい」「自分という【いのち】を躍動させ、思いっ切り輝かせていきたい」「あれも、これも味わってみたい」「あれも欲しいし、これも体験したい」という欲求が湧きあがるのは当然のことです。

それが自己の中から湧かないなら、【いのち】が湧かないことであるし、「源」から送り込まれてくる「欲求」に気づくことができないことになります。

欲求に気づくことがなければ、何も経験できず何も創られず、したがって何も「知る」ことはないのです。

そして、「源」からの純粋な欲求を具現化創造するためには、他者や天地の援助がなくては無理です。同様に、他者や天地もまた、あなたの援助を必要としており、ここに「愛の授受（交換）」という循環が起こります。

……というように、自分のことを自分自身ではまったく面倒を見られないのですから、そこは他者と天地に委ねてお任せするしかありません。

ですから、自分の存続に必死になるような「勝手な個人自我（エゴ）」には、もう出番がありません。

「個」としての役割は、「源」が欲求した「もの」や「こと」を、楽しく味わい、喜んで体験をすることだけです。

「源」とのつながりを完全に忘れた「勝手な個人自我」は、「～であるべき」「～とはこうだ」という四角四面な考えの集まりです。

「勝手な個人自我」は、自分が【メカニックなデータ】でしかないことに気づきません。


私は、このような「勝手な個人自我」のことを、ひそかに【箱】（＝鋳型）と呼んでいます。「形」のことです。「勝手な個人自我」とは、単に「形」という枠でしかないため、変化せず、発展しません。

「勝手な個人自我」をなくせ、「頭・思考」を外せ、と私が繰り返し言っているのは、それらが悪者だからではありませんし、間違いだからでもなく、ただ単に「源」からの「純粋いのち」「神なる自我」ではないからです。

「固定的」なあらゆる想念・思考自体が「勝手な個人自我」ですし、【箱】です。「源」からの「神なる自我」が、この【箱】に入ってしまうと、その【箱】の中だけの体験しかできません。それ以外の体験ができないという、ちょっと不自由でツマラナイ状態となり、生きる喜びから遠ざかることになります。

「特定の感情反応」のパターンも、この【箱】の中で創られます。

ですから、自我を捨てるというより、自我という【箱】から出ればいいだけのことで、もしくは、固定化した想念・思考という【箱】(=勝手な個人自我)を、中立にながめて観察する状態にいたならば、【箱】との間に「すき間」ができ、【箱】の影響を受けずにすみます。

しつこいようですが、【箱】自体は悪くありません。【箱】の中に生まれた感情たちも、何も悪くありません。嫉妬や執念でさえ、それらを喜んで体験し、喜んで味わっていったら、素敵な持久力に変容します。

お正月には「餅」を飾りますが、それは「餅」が粘り強く、執念深く、しつこい性質であり、しかもそれを「めでたきもの」として祝うからです。くれぐれも、【箱】に支配されず、【箱】を使いこなしてください。

【箱】、それは固定化した思考、固定観念、氏名、年齢、性別、立場、学歴、年収、持ち金、結婚、仕事、地位、成果といったような、「いのち」ではないもののことです。

私たちは、源からの「いのち」の流れそのものであり、その「いのち」は【箱】を創って、そこに入って、喜び楽しむ側であったはずです。【箱】を使いこなす側であったはずです。

ちなみに、知人はこの【箱】を、自他のオーラにしっかりと見ることができるといいます。本当に四角い箱が無数に見えるのだそうです。

ここに【いのち】が閉じ込められ続けると、それ以上の素晴らしい自分に変容することが困難になります。

「ごめんなさい」「申し訳ないです」を連発している人に起こること

「必要以上に誰かをあがめないでくださいね」と、セミナーではお伝えしています。

【誰か】や【何か】を必要以上に「あがめたてまつる」と、それは自動的に、自分という存在を低くしてしまい、「申し訳ない者」にしてしまいがちです。それぞれの個性は価値が同じ、という事実を忘れてしまいます。

どうか、【誰か】や【何か】を「あがめたてまつりすぎ」ないようにしてください。

あなたは何者か？　「愛と豊穣の者」（つまり神）なのか、「申し訳ない者」なのか……。無意識に自分で選択しているのですが、当然ながら、私たちの本質・事実は「愛と豊穣の者」であるのです。でも、「申し訳ない者」という設定に自分を置いて、そのゲームをやめない方も多いです。

「愛と豊穣の者」は、何をやっても、何を話しても、愛と豊穣の状態を創ります。たとえば、それが謝罪をするという行動であったとしても、じつに清々しい状況となるのです。ところが、「申し訳ない者」は、何をやっても、何を口にしても、申し訳ない状況を創ってしまうのです。

「申し訳ない者」は申し訳ない現実を創りやすく、謝罪しなくてはならないような現実を創りやすく、常に「ごめんなさい、申し訳ないです」を連発するような状態を創ります。

謝罪する（あやまっている）という行動自体は、単に中立な事柄でしかないのですが、【何者が】それをするかによって、出来事がまったく変わってきます。何をしたか、何を成したか、それが大事なのではなく、【何者が】それをするのかが重要なのです。

ある日の私の体験ですが、ランチタイムに入ったお店でのことです。

店長さんが、たった一人でキッチンもホールも担当していて、「出すのが遅くなって、ごめんなさいね」「混んでいて、ごめんなさいね」とお客さんに平身低頭でお詫びしながら立ち働いていました。アルバイトの店員さんが寝坊してしまったようです。

「この卑屈な感じはなんだろう」と異様に感じるほど、その店長さんのオーラからは「申し訳ない者」の波動が放出されていました。

でも、じつはバイトの人を遅刻させたのは、この店長さんなのです。

「自分が何者か」を見事に表現するべく、お客さんを大入り満員にして、一人で必死になって謝罪する現実を創り出していたのです。

こんなことを中立に観察しながら、ランチを終えました。

じつは、この日は手持ちのハンドバッグからも、メッセージが来ていました。

そのハンドバッグは、お店で飾られているのを見たときは、とても高貴な印象を放っていました。でも、購入して、家に連れて帰ったとたんに高貴すぎる感じが消えて、友達みたいというか、馴染んでしまった感覚というか、普通にしっくりと馴染み始めたのです。

思わず、「なぜ?」とハンドバッグに聞いてしまいました。

「あの有名店では、みんながバッグを特別に【あがめたてまつる】から、自然とそういう波動になってしまう。でも、『そのバッグを持つのが普通な自分』という感覚の人が家に持ち帰ると、その人にとっては当たり前の物だから、すごく自然な波動になる」と。

「申し訳ない者」にとっては、本人が変わらないかぎり、そのような品物は高飛車に思えて仕方がないかもしれません。そういう現状を創りやすいのです。

神そのものという自覚を持つ、ということです。

エネルギーレベルで許可する方法

以前、【自分に許可を降ろす】って、どういうことですか？」というご質問を受けたことがあります。自分が幸せになっていい許可、もっと自由になっていい許可、さらにいろいろなことを実践する許可、たくさんのお金や物を受け取る許可……などなど。

それらの許可は、「頭だけ」で行うことは無理なのです。

強力な許可は【決意という強いレベル】で起こすことが肝要です。

たとえば、社会に出て働きたくないという人は、「枯渇感」や「怖れ」にしか目を向けていないから働きたくないのです。

そこで、まずは「満ち足りる」感覚を感じる実践が必要です。「満ち足りた感覚」、豊かさを具体的な物事を通じて感じること、これも自分への許可なのです。

自分自身が、最高に物理的・時間的・人間関係的にＭＡＸハッピーな状態をイメージし、そのイメージがもたらす【エネルギー】を、いつでも感じるようにしてください。大切なのは、イメージ画像よりも【エネルギー】を感じることのほうです。ですから、実際の体験で感じることがベストです。

その最大にハッピーな状態は、最高に満ち足りているために、内部は静寂です。そういうエネルギーによって、宇宙のエネルギーと完全に同調し、シンクロし、結果的に人生がとても楽になめらかに進んでいきます。

許可を降ろすためには、こんな右脳的な「感じる練習」と、信念・観念を変えることへの左脳的納得がバランスよく必要です。

運命はすべて決まっています。

でも…

セミナーなどで毎回のようにいただく質問があります。

それは、「運命は決まっているのか、いないのか」ということです。

たとえば、以下のような内容のものです。

「運命は生まれる前から決まっている、という文章を何冊かの本で目にしています。いっさいの出来事は決まっているので、すべてを完全に受け入れて宇宙と一体になるというものです。

そうであるとすれば、Ｍａｎａさんのいう意宣《いの》りも、『本人の決意』とは関係ないように思われます」

運命は決まっているのか？　これをかぎられた言葉で説明することに困難を感じていますが、できるだけ努力してみましょう。

はい、運命は〝すべて〟決まっています。

ただ、こういう書き方ですと、「自分には自由意志もないのか」とか、「それって、なんだか不公平だ」とか思ってしまいますよね。

運命は決まっている……。でも、気をつけてほしいのは、それは、あなた個人にとって〝たった一つ〟の運命が決まっているという意味ではないということです。

何億とおり、何十兆とおりの、無限の、無数の運命が決まっているという意味なのです。

本当の「あなた」は「空《くう》」であり、【すべて】を含んだ意識です。

時空間のすべてが、そこには含まれています。

つまり、「空《くう》」意識という【今ここ】のあなたは、すでにすべてを含んだ意識なのです。

どんな体験も、どんな人生も、すべて内包して持っている全体意識なのです。

「空《くう》」意識は、【意識】の上ではすべてをもう体験済みなので、そういう意味ではあらゆることをもう意識上で知っています。その意味からは運命は決まっている、といえます。

あとは、その意識上で知っていることを、この個別の肉体によって感じて、察して、知っていく、というプロセスが待っているのです。

この、プロセス（ストーリー）展開のために宇宙が創られたのです。そして、その運命は、「たった今」ここにいる私たちの自由意志によって選択されます。

でも、何を選んでも、空意識にとっては、あらゆるすべてが【今ここ】で、あっという間もないくらい、すべてを速く体験済みです。

それを、三次元の立体時空間のなかでプロセス（ストーリー）をゆっくりと味わう自由意志を持っているのが、各自の存在です。何を選んでも、そのまま達成されるという意味で、【運命】は決まっているのです。

「空《くう》」はすべての体験を含む。そのことを「運命は決まっている」という表現によって表したただけです。

ですから、各自の意図、つまり選択は大切なのです。各自の選択のための意宣《いの》り、意志は大切なのです。それが【全体意識という神の繁栄】につながるからです。

意宣《いの》りがない（各自の選択がない）ことが、レベルが低いということではありません。ただ、意宣《いの》りなきことには【自発的意識】はないので、どうしても受け身的・消極的・被害者的・無意識的になってしまいがちです。

すると、【気づき】がなくなります。つまり【体験して知る】という叡智《えいち》のチャンスを逃すことになります。

すべてを感じて知っていくことが宇宙創造の目的だから、自発的な自由意志である意宣《いの》りは大切です。

意識の上で【すべて】を知っている「あなた」というものは、この３Ｄ物理空間では、その無限・無数のすべてを一度に全部のストーリーを体験できません。だから、部分的に選んで、毎度毎度体験するしかない。だから、【選択】するし、意図します。

何を意図しても、運命は決まっています。

何を選んでも、運命は決まっています。

あらゆるすべて、「頭」の理解と想像を超えるすべての運命が決まっています。それを、好きなときに、好きなように選べる自由が与えられているのです。

魂の使命とは喜びを魂に刻むことです

あなたという「空《くう》」意識には、特定の実体がありません。

決まった実体がなく、いつも【今ここ】において、自由に【光の波動】を放っています。

いつも、ビッグバンしながら【光】を周囲に生み出しています。

あなたは自分が放った【光】のバイブレーションの中にいます。


【今ここ】は、光の粒でいっぱいの宇宙です。

ぎっしりと光で埋め尽くされ、じつはどこにも「すき間」なんかありません。

現実空間は光という【物質】で構築されています。

そして、光で構築された宇宙には、調和してともに【栄える意図】しかないのです。


これもよく受けるご質問ですが、「人生の目的とはなんですか？」「私の使命は何ですか？」ということがあります。でも、じつは、各自の使命・役割・目的は、「具体的な事柄」にあるわけではありません。使命とは、もっと内面的で全体的なものなのです。

人生の目的や使命というより、【魂の使命】といったほうが適切です。

どういう喜びを魂に刻むのか、それが各自の役割です。

【全体の意図】に沿った使命や役割を魂に刻んでいくことなのです。

ともに全体で栄えていくという宇宙の意図に則して生きてこそ、各自の使命・目的・役割がわかっていくのです。


あなたが、最初に創造された光の波動そのものになっていなければ、個人としての自分のこともわかりません。みなで栄える意識、みなで繁栄しようという「意宣《いの》り」の中でこそ、そのことが直感でわかってくるのです。

他者を自分の犠牲にしないことです。

他者を助ける？　その考えはまったくのおかど違いですから。他者に対して憐《あわ》れむ心は失礼です。他者を弱い存在として扱うことは、他者を犠牲としてしまうのです。

満ち足りていない自分の内面を「ほかの何か」で満たすために他者を救うという「使命」を生きがいにするのは、まるで方向違いのことなのに、よく見受けられることです。

自分自身が充分にくつろいで満ち足りている状態が土台となっていれば、その人の使命・役割はわかってきます。必ず、必ず、【今ここ】において充分に満ち足りていることが、最低条件です。そうでなければ、「使命のために」の言葉のもとに、他者をエサにして、他者から奪う行為になっていくだけです。

自分に問いかけてみてください。

「その使命が自分になくてもＯＫか？」と……。

死の端を体験して…

細胞がいい感じで開いているときには、とても満ち足りて生きているし、逆のことをいえば、満ち足りている感覚のときは細胞が開いているのです。しなやかでたくましい細胞になって、「ますます生きよう」というエネルギーでいっぱいになります。

死にたい思いが究極まで高じると（【頭】だけでなく、本気でそう思うと）、人の細胞は驚くほど急激に収縮していきます。

だから、特別な手段を用いなくても、【今ここにいながらにして】細胞を閉じて、死んでいけます。痛みもないし、少しずつフェードアウトするわけです。死とは細胞が閉じることですし、五感が閉じていくことなのです。

かつて、ウツの時代を経験していたとき、私には常に自殺願望があり、やけくそで生きていました。やけくそだから何も怖くなかった。

だから、「怖い」とか、「辛い」とか思えるうちは、まだまだ軽症なんです。

そんなある日のこと、死ぬ意志が完全に100パーセントになりました。もうそのことしか浮かびません。親のことも、友人のことも、誰のこともいっさい浮かばない。

そして、部屋の畳の上に自然と前のめりに倒れ込むわけです。で、どうなるかといえば、最初に【視覚】がダメになっていきます。

視野が狭くなっていくのですが、見えている範囲の周辺から黒く塗りつぶされていくような感じになります。そしてどんどん黒くなっていって、目を開いているのに見えなくなっていくことが不思議であり驚異でした。

最後の見える部分（ほんの少し）がもうちょっとで完全に消滅しようとした瞬間、ある本が目にとまりました。

勝手に手が動いて、その本を開きました。今考えても、なぜ本がそこに出現したのか、不思議でした。その本を開いて読んでいるうちに、「あ！　生きていけるかも」と強く思いなおすことができたのです。

なんだか暗い話になってしまったかもしれませんが、あの日、あのとき、【いのち】それ自体がなんとしてでも生きようとする強烈さを、自らの身体でまことに体験できた私は、【生きるとは？】という問いかけの答えを全身全霊で知ろうとする道へ入っていきました。

この答えを知らずして、どんな状況もお金も、私にはどうでも良かったのです。今、そういう意味で本当に答えがわかったので至福でいっぱいです。

真剣に自らに問いかけ、答えを求めたならば、どんな人でも必ず答えを得ることができます。生きることの楽しさが細胞レベルで腑に落とせます。

答えを得るために、私のような体験をする必要もありません。これからの時代はそんなに深刻になることでもないと、それも今はわかってきました。

ですから、軽やかに答えを求めていってください。

細胞がふんわりと開いているだけで幸せな感覚になれます。問いかけへの答えも早いですし、出来事も満足できるようなことしか起こってきません。どうぞ、のほほんとして細胞を開いてください。

それが、まことの自分を表現するための土台ですから。

いのちのパワーを理解しましょう

私たちは、朝になれば目が覚めます。

目を覚ますほうが良いことだからと考えて目を覚ますわけではなく、一定のときになると【おのずと】目が覚めます。

日常的に「7時に起きなくてはならない」という理由で、目覚まし時計をかけて人工的に起きるなどということは別として、いつまででも眠っていて良いときでさえ、いつかは必ず目が覚めます。

これは、私たちの理論理屈を超えた【いのち】の欲求なのです。

目が覚めること自体が得をすることだから、だから目を覚ます、という理屈はそこには存在していません。

ただ起きるといいということ、ただ目を覚ますということ、このきわめて単純な【こと】の裏に、神聖なる【いのち】のあらわれが見えているのです。

病気や、なんらかの特殊な場合を除いては、理屈抜きに毎日「いざ!」「そら!(それ!)」という意気込みで起きるのであって、その意気込みが一日の生活を成り立たせてくれるのです。

その朝の意気込みをもって、終日の生活を始めるのです。

宇宙の開闢《かいびゃく》も、今回の自己の人生の始まりも、今日の始まりも、たった今の始まりも、すべてが常に「いざ!」という理屈抜きの意気込みから始まっているのです。

どんなに論理哲学を駆使して考えようが、この【いのち】の意気込みを忘れて除外してしまったなら、自分の人生やこの世界がいったい何であるのか、ほとんどわからなくなってしまうでしょう。

万物の原点、万物の根本の【いのち】の意気込みに意識を戻すことが、すべてをシンプルに理解できる早道なのです。

素晴らしき満ち足りた人生の人生たるには、この意気込みを要するわけなのです。

あなたの「行動」が世界も変えます

朝、目が覚めたあとはどうするのかといいますと、その意気込みをもって顔を洗い、歯を磨き、またはシャワーを浴びるなどをします。

これも特別なことではなく、誰もが昔から行ってきました。

何ゆえに顔を洗い、何ゆえにシャワーを浴びるのか？

これもまた理屈を超えたことなのです。身だしなみとか衛生上どうであるとか、こういう得することがあるからとか、利益のようなことばかり考えているのでは長続きしてこなかったことなのです。

利害や損得などの理屈だけで考えるなら、忙しいときには時間の無駄でしかないことです。ですから、顔を洗い、シャワーを浴びる（水を浴びる）などが永続できてきたのは、ただただ理屈を抜きにして、それが【気持ちが良い】からです。

利害を超え、損得を超えて、その日の意気込みが湧いてくるからです。

冬の朝に、寒さをものともせず、冷たい水で顔を洗うところに妙味があります。内面の美しい意気込みを、いよいよますます美化しようという思いで水を浴びるのです。冷たいとか面倒という理屈を超えて実践するのです。そこに思いもよらない気持ち良さを味わえるからです。

何か一つを美しくすることは自己の内部をも美化し、それによって世の中のすべてを美化しているのです。

私たちが顔を洗い、シャワーを浴びるのは、ただ自分の身体だけを綺麗にしているのではなく、そして自分の精神が気持ち良く美しくなるだけでなく、世の中の汚れをも美化するからです。

すなわち、一人がまごころを込めて顔を洗うということは、世界中の顔が綺麗になるのです。世界全体を背負って、世界を美しくするために顔を洗っているのです。身体、精神を問わず、世界中の汚れや穢《けが》れを転じて、その中から真善美を生じさせようとする行為です。これが大昔からの洗顔の精神、水を浴びる精神、滝行の精神です。

それから、洗面器の中の水は、一体どこから来た水であるのかを考えてみますと、実は、大海原の水が蒸気となって天に舞い上がり、そして天から降って根の国という地底にしみ込んで、そこから湧き出した水を必要な分だけ汲み取って洗顔しているわけです。

これすなわち、大海原と大宇宙の水で顔を洗っていることになります。

いのちは愛そのもの

どなたの身体の中にも流れている【いのち】、これによって自分の肉体も、ほかの肉体も、平等に養われています。あなたの中の【いのち】も、あの人の中の【いのち】も、まったく同じ内容の【いのち】が流れていて、しかも同じルーツを持ちます。

なぜ、「世界中の他者に【いのちがけ】で誠意を尽くす」と決意することが、自分に【満足と愛】を与えることになるのでしょうか？

本気で実践した方ならわかるはずです。しかも、これは、とても科学的な理屈に基づきます。

自分のためだけなら、内側から【いのち】という愛が、少ししか湧き出しません。でも、全員のことを思うとき、膨大な量の【いのち】が湧き出します。

【いのち】は【すべてを生かそう！】という愛そのものだから、たくさんの分量が自分の中から湧き出すとき、それを一番最初に受け取るのが、なんと自分の肉体なんです。

【いのち】に敬意を！

【いのち】を愛し、【いのち】を全体のために楽しく喜んで使ってください。

そして、お金や物も、この【いのち】が湧き出す分量に比例します。

【お金・物】に敬意を！

【お金・物】を愛し、【お金・物】を全体のために使ってください。

全員の【いのち】を愛し、全員の【いのち】に敬意を払っていないと、お金に敬意を払っていないのと同じことになりますから、自分自身の経済循環がうまくいきません。

欲と邪心の異なる点

88ページでお話ししたように、欲は、それ自体は素晴らしいものです。ただし、欲の動き方が適切でないときに、【邪心】となります。

つまり、発動すべきでないのに、発動させる欲は邪心です。それは、「全体他者など、どうでもいい」という心の動きのことです。

そして、邪心には、もう一つあるのです。

発動すべき欲、使うべき欲を使わないなら、これもまた【邪心】となるのです。

つまり、「全体他者を栄えさせる欲」を出さない心のことです。

このように【きたなき心】には、二つの側面があります。

叱るべきでないときに叱るのも邪心。叱るべきときに黙っているのも邪心。

きたなき心……【きた】がない心のことで、【きた】とは森羅万象の秩序のことです。

森羅万象の秩序は、【いのち】の発展の秩序のことです。

「悟り」とは、手放すことです

私の師の言葉を借りるのが一番説明が早いので、そのまま書かせていただきます。一言でいうと、【過去の消失】が悟りです。

なぜなら、過去の中には「あなたの人格・性格」があるし、「あなたの個人自我（エゴ）」があります。

でも、あなたの過去が消失したら、あなたは原点そのものになる。源そのものになる。

【あなた】そのものになる。神になる。「空《くう》」になる。【今ここ】だけの存在になる。

そのとき、あなたは無垢になり純粋になります。幼子のように。

イエス・キリストが「幼子のようにならないかぎり、神の王国には入れない」といったのはこのことです。

今この瞬間に、あなたは【過去】を感謝して手放す必要がある。過去を握ったまま、あなたは事実を知ることも、腑に落ちることもできないから。

「どうしたら？」「どうやって？」という質問は、過去を握りしめているときに出てくる質問です。もし、あなたがいっさいの過去を持たずにいるなら、「どうやって？」というセリフは出てこないはずです。

1＋1＝2……。

あなたが過去を持たずに、初めてこれを聞いたなら、「どうやって腑に落とせばいいですか？」という質問は出てこない。「そうか！」と受け入れるだけでしょう。そして、ただ普通に腑に落ちる。理解することも、腑に落とすことも、過去の信念を持ったままでは無理なのです。

今、初めて聞いたことなら、そのまま普通に「そうか！」と受け入れるしかないのです。

だって、そうなのだから。

理解は物質ではないので、「どうやって創るの？」というようなものではありません。

「どうやって？」は、何かを創る技法《テクニック》のことですが、理解を創るような技法《テクニック》など、この世にはありません。

すべてのことが、ただ単にそうであるのだから。

人はみんな すでに悟っているのです

昨夜、さらさらと自然に降りてきたメッセージです。

じつは、人は全員すでに悟っています。

ただ、悟っていることに「頭」が気づいておらず、「無意識」であるだけのことです。

悟っていることに「意識的」に気づいた少数の人がいますが、それはその少数の人たちの「頭」がようやく気づいたというだけのことです。

「頭」にとっては一瞬「悟り」を垣間見ただけのことで、すでに全員の中に在《あ》ったものを、思い出すきっかけが来ただけのことです。

何も知らなかった「頭」にとっては、ものすごくカルチャーショックなことであり奇跡的に感じますが、じつはこのときは、「個人的自我」が「調子に乗る瞬間」でもあるのです。ここにはまってしまうと「優越の心」を持ってしまい、「自分は他者よりわかっている」と「頭」がカン違いすることが起こるのです。

「悟り」の状態を「意識的」に気づくことができていようが、まったく「無意識」で分からない状態であろうが、それは「頭」が知らないだけのことで、全員がすでに覚醒しているのです。

「頭」や「エゴ」や「思考」が邪魔をしていることに気づくことができないだけで、気づかなくてもすでに悟っています。

そして、「悟り」や「覚醒」は人生の究極の目的などではありません。

「悟り」「覚醒」を土台として、どのように生きるのかのほうが大切なことであり、主軸なのです。もし、【私たちが何者であるのか】を悟っていなくても、「どういう自分で在《あ》り続けたいのか」が大切です。

たとえ、「悟り」や「覚醒」がわからなくて、さっぱり腑に落ちなくても、【自分は何者か】を決めることはできますし、「どういう自分として生きるか」「何を手本として、どの道を歩むのか」を決めることはできるでしょう。

そして、このことのほうが何よりも重要なのです。

あなたが【何者として生きていくのか】によって、やがて【人生のまこと】をいやでも「頭」が理解することになり、もっと深く覚醒し、もっとすべてを悟ることになるでしょう。悟りや覚醒を目的にしなくても、【何者として生きるのか】を実践する中で、おのずと無理なく腑に落ちていくのです。

まさに「人生は尽誠《じんせい》」だと気づくことになるのです。

ようやく意識的に「悟り」ということに気づけた人も、まだ無意識のままで「頭」では気づけていない人も、じつは【いのち】（存在）としてはまったく同じ状態であり、その双方は何も変わりがなく、優劣もありません。

意識的に気づいた人を必要以上に崇拝することはありませんので、学べる部分だけを参考にして、あとは「どういう自分として生きるのか」に自発的に心を向けてください。

私たちは「創造の源」としての「空《くう》」の性質と同じく、【喜び】から成り立っています。

ただ、あなたが何を欲求し、何を人生の【喜び】とするのかによって、「悟りのレベル」（＝心の進化）がわかるのです。

私たちは「悟り」「覚醒」を最高のことだと思いがちで、「知的な理解」がどこまで進んでいるのかで決まると信じ込んでいませんか？

でも、どんなに悟っていても、どれほど覚醒して「知的な理解」があったとしても、「心の進化」が実行されていなければ何にもならないのです。

大切なことは「心の進化」ですから、本当にそれを悟ったなら、「心の進化」を実行したくなってウズウズするはずです。そしてまた、本気で実行すると決心することが重要です。

各自の「悟りのレベル」、つまり「心の進化」のレベルは、【一体化の喜び】のほうへ進んでいるかどうかでわかります。平等な【全体一つ】の喜びへ進んでいるかどうかが、「悟りのレベル」の深さを示します。

誰もが「空《くう》」の中にいて、あなたは「空《くう》」のあらわれたものです

「空《くう》」を感じるってどういうことか？

悟りを得ると感じることができるとか、特殊な瞑想や修行でわかることができるとかい

う方もいらっしゃいますが、一概にはいえません。

それに、「空《くう》」自体を単独で感じることはできず、「空《くう》」ではないもの、つまり、生きて動くものを味わい感じることによって、相対的に知ることができるだけです。

頭ではわからなくても、じつは誰もがみんな「空《くう》」の手の内にいるのです。

まずは、過去の情報や知識をいったん脇に置いてください。頭が過去の情報を握ったままでは、どんな事実を聞いても理解できないでしょうから。

各自（個としての人型生命体）は決して個のみの力にて勝手に生まれ来るのではなく、個を超越した大いなる力によりて生かされていることがわかります。個別の生命を有する無数の人たち、でも、その根本中心に入ってみるならば、みな同じ根源の大いなる力（大生命）に帰着します。

あらゆる個としての生命体から進入して、共通の「根本」に到達すると、そこは結局たった一つの「普遍的な大生命」となってしまいます。

そして、その「普遍的な大生命」は爆発的な欲、爆発的な【いのち】そのものであり、それを生み出しているのが、ほかならぬ「個人を超越した本質的あなた」であり、「あらゆるすべての個人」によって「普遍的な大生命」が表現せられつつあります。これが生きるという真髄です。

この【普遍的な大生命】を「空《くう》」というのです。

「空《くう》」の道は、この現実において神としての弥栄《いやさか》なる心を練る道であり、それは【肉体を用いての実践実習の道】のことです。

いつだって、どこにいたって、何を思って何を感じていたって、常にあなたという「個」は、「空《くう》」のあらわれでしかありません。

そして、不自然なあらわれ方をしているか、自然の調和秩序（弥栄《いやさか》）にのっとって自然なあらわれ方をしているか、そこが幸・不幸の分かれ目です。

喜びを手にするのにマニュアルなどないのですよ

2013年5月、東京の有名なホテルがまた一つ姿を消しました。

ホテル西洋銀座です。

このホテルは、ソムリエ世界一になった田崎真也氏や、オリンピック陸上競技の金メダリスト、カール・ルイスや、数多のハリウッドのセレブたちが愛したホテルです。

このホテルには従業員のための「マニュアル」がいっさいありませんでした。それは、

「マニュアルがあると、それだけをこなせばいいと思ってしまう。体験そのものから臨機応変に学んで、利用してくださるお客様との喜びの時間を分かち合うことが大切だから」という理由からだったそうです。

空理空論（「き」の世界）を実理実論（「み」を結ぶ世界）にしていくために私たちは生かされています。

「き」は「気」であり、見えないものを指します。「み」は「実」であり、具体的な行動とか、具体的な形になったものを指します。

「ひかり」である「いのち」を誠実に経験することで、人生のまことの意味を知ることができ、ますます心が進化していきます。まずは体験ありき、実践ありき、行動ありきです。

あなたご自身も、「どんな心」のときに不幸であったのか、「どんな考え」のときに中途挫折して失敗したのか、「どんな自分」であったときに現実が苦しかったのか、今までの体験から学んでいらっしゃるはずです。

そして、これからは「今までの真逆」を実践してみればいいだけのことなのです。

私個人の体験でしかありませんが、これまでいろいろと困難なことはあったにせよ、結果としてすべてが満足なものになってきています。

過去において、師に恵まれ、友情に恵まれ、恋に恵まれ、健康に恵まれ、欲しい物は入手でき、やってみたかったことや望んだことは全部体験できていたことを思います。

そして、これらはとうてい、何一つとして自分個人の力ではなかったことがわかり、この理解を得られたことが、むしろ一番の「宝物」でした。


過去において、その途中途中で外側の【現象面】【物理面】がどんなに叶ってくれても、それらが私の心の【深い部分】を、最終的には満足させることがないという事実にも直面しました。

けれども、だからこそ、その謎を知りたくて、一段と深く真剣に「内面の追究」に入っていくことになりました。

最終的に、今ここにおいて、自分なりの答え（応え）をあますところなく受け取ることができ、心身ともに完全に満ち足りることができました。それがじつにうれしい感覚なので、多くの人にもお伝えしたいと感じるのです。

そして、今からが本番ですので、未知の体験にも貪欲にワクワクしています。表面的な浮つくようなワクワクではなく、深いところからジワジワ上がってくるワクワクです。

「終わりよければすべてよし」ですから、昔々の私に自殺願望があったことなど、今は自分でも信じられません。

ですから、今のあなたがどのような状態であれ、必ず至福に行きつくことは間違いありませんので、安心していてください。ただし、至福を体験して知るということを、自発的に誠心誠意決めることが基本となりますが。

でも、みなさん、他者の体験や著名人の理論や、私の話などは参考程度にとどめてくださいね。ご自分が、たった今興味があるもの、たった今欲求が湧くものを「自分のペース」でどんどん体験して、自発的に味わっていただければと思っています。すべては体験して知る世界だから。

そして、いかなる領域（恋、仕事、お金、人間関係などの領域）から経験や体験に入っても、それは必ず、【いのち】の深みや高みを知りたくなり強く欲求するようになっていきますから、焦らなくても大丈夫です。

あなたの自由意志で、あなた自身のペースを大切にして生きてください。

マニュアルなどないのですから、他者や著名人のペースに振りまわされず、それでいて、全体で繁栄して進行していくという、最も大切なことを軸にして、それだけは見失わずに生きてください。心から応援しております。

雲 黒斎 × Mana Special対談

“愛と感謝と喜びの時代が来ている”

雲 黒斎

北海道生まれ。広告代理店勤務を経て、2004年、セロトニン欠乏による記憶障害をきっかけに、突然の霊的な目覚めを体験。その体験をもとに立ち上げたブログ『あの世に聞いた、この世の仕組み』が注目を集め、サンマーク出版から刊行された同タイトルの書籍も、発売と同時に話題となる。現在はブログ更新、執筆活動、日本各地で行われるトークライブで、人生哲学を発信中。著書に『極楽飯店』(小学館)、阿部敏郎氏との共著に『降参のススメ』(ソフトバンククリエイティブ)がある。

Mana

生まれつきの抜群のエンパス能力(他人の感覚をすべてキャッチしてしまう能力)を、人々の幸福と愛のために使うよう師に導かれ、数々の不思議な体験を通じて「空《くう》」理論を解明し続け、現在に至る。「空《くう》」セミナー、古事記セミナー、各種講演、情報会、執筆活動などで活躍中。

二人の出会い

――Ｍａｎａさんとはお互いに直接、面識はなかったものの、著書やブログを通じてそれぞれご存じだったとのこと。今回、Ｍａｎａさんのラブコールに応じてくださって、お二人の対談が実現しました。

まずは、お互いを知った経緯からお願いします。

Ｍａｎａ　あらためまして、Ｍａｎａです。本日はお忙しい中、お運びいただいて、ありがとうございます。

黒　斎　いえ、とんでもない。今日はお声掛けいただきまして、誠に光栄でございます。僕は本を通じてＭａｎａさんを知ったのですが、Ｍａｎａさんは、もともと僕のことはどういうふうに……？

Ｍａｎａ　私が最初の本、『空《くう》　舞い降りた神秘の暗号』を出した頃のこと、「あっ、同じことをいっている方がいるなあ」と思ったのが、阿部敏郎さん（心の学校「いまここ塾」塾長。

雲黒斎さんとの共著もある）でした。

それで、阿部さんのトークライブに行ってみようとうかがったところ、そのライブが黒斎さんとの対談になっていて、そのときに黒斎さんのことを知りました。

黒　斎　じゃあ、トークライブが初めてだったんですね。それまでは、僕のことは知らずに……？

Mana　はい。まったく（笑）。阿部さんも知らない、黒斎さんももちろん知らない。お二人とも存じ上げなかったんです。

とにかく先にライブを拝見させていただいたんです。

黒　斎　僕のほうは、Ｍａｎａさんの本をいつどこで知ったのか、失礼ながら、じつはよく覚えていないんです。

何かのきっかけで本を手に取り、それを通してＭａｎａさんの存在を知りました。

その後ライブに来てくださったお客さまから、「Ｍａｎａさんもトークライブ（阿雲の呼吸）にいらっしゃっていましたよ」と聞いて、「えっ？　そうなんですか？」と。

「Ｍａｎａさん、何度かいらしてますよ」と教えてもらったんですね。「ああ、そうなんだ。声をかけていただければよかったのに……」（笑）と、思っていました。

「引き寄せの法則」の真実について

――では、まず最初に、セミナーやライブを数多く行っているお二人ですが、その会場で一番多く受ける質問について、そして、Ｍａｎａさんの最近のキーワードの一つでもある「受け取る」ということ、さらに、２０１３年以降、どういう人が「幸せな人生を送ることができるのか」を、今日はお話しいただければと思います。

Ｍａｎａ　では、私から。自分もそうだったので、「なるほどな」と思うのですが、一番多く受けるご質問が、「願望って持っていてもいいんですか？」というものなんです。

そういわれると、「え？　どうして？」って思います。

「願望があってＯＫ」「豊かでＯＫ」と一時期ブログにガンガン書いていたら、「お前は守銭奴か！」という書き込みをいただいたことがあって、若干、心が折れ気味になっていました。

黒　斎　いや、願望はあってもいいんじゃないですか。

Mana　そうですね。出版社の担当の方にも、そういう書き込みは、ある意味ラブコールだと思って気にしなくていいんじゃないか、といわれたんですけれどね。

　黒斎さんには、そういう質問はないですか？　願望が叶わないのですが、どうしたらいいですか？　というような……。

黒　斎　ありますよ。特に「思考は現実化する」といった言葉や【引き寄せの法則】というものを誤解している方からの質問が多いですね。

【引き寄せの法則】の本当の理解って、少なからず「ある一定の気づき」が必要だと僕は思っているんです。それがないことには、それらの教えを「メソッド」や「行動指針」として取り入れようとしてもうまくいかない。

　誰かがうまくいったからといって、そのままなぞったところでうまくはいかないんです。外側から取り入れられる情報ではなく、自分の内側から起こる「気づき」の話なんですが、それをどういうふうにお話ししたらいいんだろうかと……。

「意識状態が最大のポイントである」という気づきがない。だから、「**どうすれば**いいですか？」という**行動指針**で聞かれてしまうんですよね。

「『思考は現実化する』や『引き寄せの法則』、それらの言葉が指している意味は、メソッドじゃないですよ。精神世界で学んできた中でご覧になられたことがあるかもしれませんけれども、要となるのは【行動（どうするか）】ではなくて、【意識（どうあるか）】のレベルの話なんですよ」と。

そしてそれは、「時間の概念というところの幻想から抜けないと、理解できない部分の話ですよ」ということを説明しています。

Mana　私がなんとなく感じたのは、じつは**「ゴール」の選択というものが最初にあって、そこから「スタート」して、プロセスが「ストーリー展開していく」**という感じなんです、イメージ的に。

黒　斎　その通りですね。僕の場合は、その「スタート」と「ゴール」の関係を、「まず時間の感覚を改めるところから始めましょう」というようなアプローチでお話しすることが多いんです。

【引き寄せの法則】の理解というのは、「時間は幻想であった」という、気づきのあとの副産物みたいなもの。

「引き寄せができる人」と、「できない人」がいるわけじゃなくて、「引き寄せの法則の理解がある人」と、「自覚のない人」という違いがあるだけなんです。

それには「『時間（時の流れ）が存在する』という大きな錯覚から抜けて、新しい世界のとらえ方ができてないと、本当の理解に結びつきません」というお話の仕方をしています。

人類がこれまで活用してきた一般的な『時間』の解釈は、【過去】から【未来】に向けての直線的な流れのことですよね。で、その【過去】と【未来】の間に、【今】というものがあると思っている。これがそもそも間違い、幻想ですよ、という話なんです。

じゃあ、本当はどうなのかというと、じつは【過去】と【未来】は存在しない。【今】しか存在していないんです。

このことを理解しやすくするために、「あなたは過去を経験したことがないですよね？」という話をするんです。ライブ会場でも、よくお話しするネタの一つですね。

「はい、じゃあ、確認を取りますね。この会場に入られてから『私だけ昨日です』という方がいらっしゃいましたら、手を挙げてください」と投げかけてみる。でも、いまだ手が挙がったためしはありません（笑）。

それで次に、「じゃあ、『私だけ、なぜか明日を生きているんです』という方がいらっしゃったら、どうぞ手を挙げてください」と聞いてみる。それでも手は挙がらない。

僕たちは、必ず【今】に存在していますよね。いつだって、【今】にしか存在したことがありませんよね。

気づいたら【過去】だったとか、気づいたら【未来】だった、という経験は一度だってないはずなんです。

「明日のために」といってベッドに入ることはあっても、寝て、起きて、明日になっていた経験はないですよね？　寝て、起きて、やっぱり【今】なんです。

そこに存在したことがないにもかかわらず、「過去と未来は存在する」という、その概念だけは確固たるものを持っているというおかしな状態です。そこがまず、気づくべきポイントの一つですね。「いわれてみれば、確かにずっと【今】だったよな」ということ。

それと、先ほどお話したとおり、時間（過去・今・未来）というのは、一般的には一直線上にあるものとして考えられているけれども、じつは、その流れを一つの線として捉えることはできません。

【過去と未来】と【今】は、存在する次元が違うんです。

【今】というのは『feel（感じる）』の次元、【過去と未来】は『think（考える）』の次元にあるものです。

確認してみましょう。

【今】を「感じること」は誰もができますよね。でも、【今】を「考えてみましょう」となると……、じつは不可能なんです。

「いま」

……ね、もう通り過ぎちゃいましたでしょ。

今を考えることはできません。【今】は感じることしかできないんです。

でも、【過去と未来】は考えることができます。

【過去】は「思い出す」、【未来】は「想像する」ことができますよね。しかし、【過去】と【未来】は考えることができる反面、「感じること」ができない。

自分が実際に存在しているのは、必ず【今】。現実は、この【今】にしかありませんよね。

それ以外はすべて幻想。頭の中にしか存在しない思考の束です。

僕たちは【過去】と【未来】という言葉が存在することによって、それが本当に実在していると思い込んでいた。

でも実際には、【過去】と【未来】は実在しません。言葉として存在しているだけです。

本当は、【過去】があるのではありません。今、「記憶や記録」があるんです。

【未来】があるのでありません。今、「予想や想像、希望や恐れ」があるんです。

【過去と未来】は幻想（思考として存在するもの）、【今】は実際に感じられるリアリティ。

存在する次元が違うから、これを「一つの流れ」として捉えるのは誤りなわけです。

では、「時の流れ（過去→今→未来）」が誤解だとすると、実際はどういう構造になっているでしょうか？

昔あった広告コピーではありませんが、時は流れません。それは、積み重なります。

僕たちが存在している本当の現実は、【今】という「座標（ゼロ・ポイント）」。そこから始まる概念としての「思考の流れ」が、じつは二方向あるんです（201ページの図）。


一つは「思い出す」。【今】から【過去】を見るという流れ（その①）。

もう一つは「予想する」。【今】から【未来】を見るという流れ（その②）です。

トークライブなどでは、この「二つの流れが存在する」ということを実感していただくために、こんな問いかけをしています。

「【過去】と【未来】を同時に思い描くことはできますか？」と。

できないですよね。何度も往復することはできます。でも、**同時に**【過去】と【未来】を考えることはできません。

先ほど、【過去と未来】は「think」の次元にあると、一括りに話しましたが、こうして確認してみると、それすらもやっぱり一つではない。

【今】から【過去】を見る（記憶や記録を見ている）、【今】から【未来】を見る（想定や恐れを抱いている）という二つの軸があるんですね。

僕たちが当たり前に保有している「時間は過去から未来に向けて流れている」という常

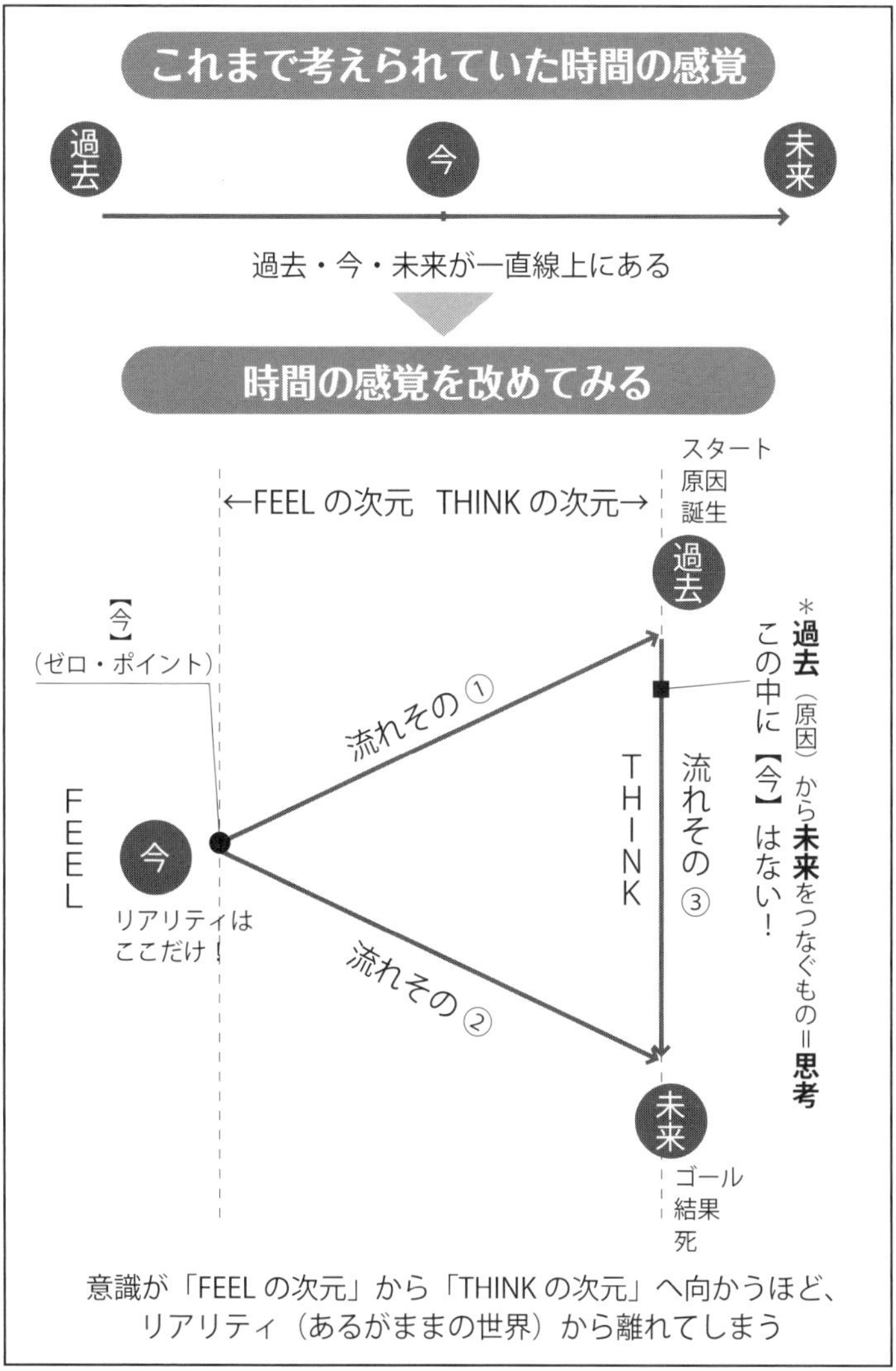
これまで考えられていた時間の感覚
過去
今
未来
過去・今・未来が一直線上にある
時間の感覚を改めてみる
スタート
原因
誕生
←FEEL の次元　THINK の次元→
過去
【今】
（ゼロ・ポイント）
流れその①
FEEL
今
リアリティは
ここだけ！
流れその②
THINK
流れその③
＊過去（原因）から未来をつなぐもの＝思考
この中に【今】はない！
未来
ゴール
結果
死
意識が「FEEL の次元」から「THINK の次元」へ向かうほど、
リアリティ（あるがままの世界）から離れてしまう

識。その「時の流れ」は、「think」の次元（思考）にあるものです（流れその③）。先ほど確認したとおり、「時の流れ（流れその③）」、思考の次元の中に【今】はありません。

【スタートとゴール】や、【原因と結果】、それから【誕生と死】など。今挙げた言葉はすべて「時間」という概念があるからこそ成り立つ考え方なんです。

「時間」という観念がなければ、そこに「始まり」も「終わり」もないわけですから。

本当のリアリティは【今】だけです。

ですから、ゼロ・ポイントより右側に移動した「think」の次元にあるものはすべて幻想（頭にはあれど、実在しない世界）です。つまり、「宇宙の始まりと終わり」や「生命の誕生と死滅」なども、【今】に基づく次元では、成立しません。

僕たちは日常生活の中で、当たり前のように「時が流れている」と思っているから、この【原因から結果】、および、そのプロセスというのは時間軸にそった一本筋じゃなきゃいけないという自動解析プログラムを持っています。

【過去（原因）】と【未来（結果）】、この二つをつなぐ理屈・ストーリーが必要になる。それが「思考」と呼ばれるものです。

「こういう原因（過去）があるから、それに準じた結果（未来）になるよね」、というふうに予想してみたり、逆に、「この結果は、きっとあれが原因になっているよね」、ということを理論づけようとします。

けれども本当は、【過去】と【未来】は関連していなくてもいいんです。二つをつなごうとする思考によって無理矢理結びつけているそこにストーリーを描いている、というだけのことなんです。

で、いわゆる【引き寄せの法則】が把握できていない方の多くは、「時間」という錯覚の中に生きています。

そして、その「think」の次元の中から、「理想の〝結果（未来）〟を引き寄せるためには、どんな〝原因〟が必要ですか？」と聞いている。

時間を超えることによって理解できる世界を、時間の中で解釈できるわけがありません。なので多くのマスターも一様に、「【今】に戻って来てください」というメッセージになるんですよね。

再度、図を使って説明してみましょう。先ほどお話したとおり「think」の次元にはまず、過去から未来へ向けての「時の流れ」という縦軸があります。それにもう一つ、手前から奥にかけての奥行きの軸を加えてみます。これは「データの蓄積」というベクトルです。

データというのは、僕たちが人生経験で培った、これはこれ、あれはあれという、ありとあらゆる情報のこと。「定義」や「意味」、「価値」など、思考の中に蓄積されている概念のすべてが、このベクトルに積み上がっていきます。

で、この「時の流れ」と「人生経験（データの集積）」を結びつけると、205ページのような形になります。ピラミッドを横にした図だと思ってください。

ここに、「時間」と「人生経験」という二つを観念を結びつけた、1枚のスクリーンができあがります。「時間」というのは「因果関係」を元にしたプログラム、それに自分の人生経験（記憶や知識）というデータを、紡ぎ合わせてできたのが、このスクリーン。【今】というゼロ・ポイントがプロジェクターで、「think」の次元が、それを受けるスクリーン。そんな関係だと思ってください。

僕たちが普段「世界」として認識しているのは、このスクリーンなんです。そして、そのスクリーンが「世界のすべて」「実在する真実の世界」だと誤解しています。

だから、【自分】というものが、「スクリーンの中」に存在していると思い込んでいる状態。そして、スクリーンの中にいながらにして、そこに映し出されている映像を書き換えようと躍起になってる。

でも、それはどうあがいても無理なことですよね。映画館と同じで、スクリーンに映し出されているストーリーを別な物語に変えたいなら、**変更すべきは「投影元」です。**スクリーンの中にいる登場人物が、上映フィルムの入れ替えができないのと一緒。

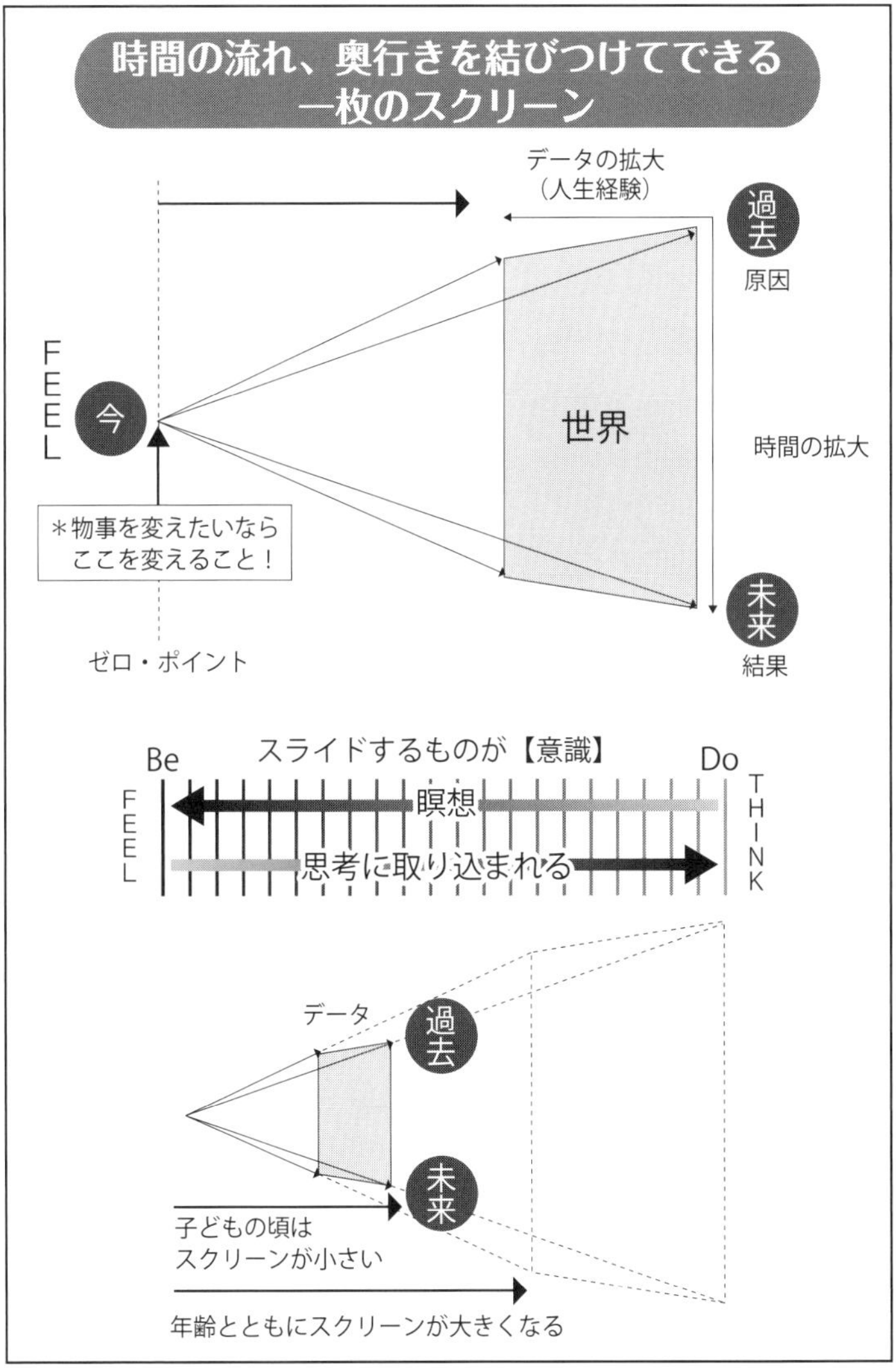

時間の流れ、奥行きを結びつけてできる一枚のスクリーン
データの拡大
(人生経験)
過去
原因
FEEL
今
世界
時間の拡大
*物事を変えたいなら
ここを変えること！
未来
ゼロ・ポイント
結果
Be
スライドするものが【意識】
Do
FEEL
瞑想
THINK
思考に取り込まれる
データ
過去
未来
子どもの頃は
スクリーンが小さい
年齢とともにスクリーンが大きくなる

そういうわけで、**【引き寄せの法則】と呼ばれる現実創造の起点は【今】。それは「時の流れ」という概念の外にあります。**

ところで、この「時間」と「データ」によって作り出されたこのスクリーンは、僕たちが年齢を重ねるごとに大きくなっていきます。人生経験とともに思い出【過去】が増え、想像しうる【未来】も、どんどん先を思い描けるようになる。時間とデータの拡大に合わせて、どんどん世界（スクリーン）が拡大していくということです。

自分が小さいときのことを思い返してみるとどうでしょう？　世界はものすごく狭くありませんでしたか？　活動エリア、対人関係、周辺状況。身の周り、目の前にある現実がすべてだった。世界の裏側どころか、ニュースの話題さえ関係のない世界。

だって、尖閣諸島問題に悩んでいる3歳児って見たことないでしょ（笑）？

本当に自分が触れられる、今自分が見ている、世界はそこにしかなかったはずです。時間の幅がまだ狭かった時代、そしてデータ（概念）も少なかった時代。

幼少期は、世界（スクリーン）が小さいんです。

ここ（横軸）にスライドしているものが、【意識】です。【意識】が右のほうにドップリ行っていれば「think」の世界。左側が「feel」の世界です。ですから、より【思考】の次元にスライドすればするほどスクリーン（ストーリー）に取り込まれ、逆に「feel」というところに戻ってくると、おのずと【今】に帰ってくる。

瞑想とは、スクリーンと同一化していた意識が、左へスライドし【今】に戻っていくことをいうんです。特に仏教の中で語られる「禅定《ぜんじょう》」といわれる状態は、完全に【意識】が【今（ゼロ・ポイント）】とシンクロしている状態のことを指します。

意識がゼロ・ポイントとシンクロするその状態になったとしても、そこでスクリーン上の映画が終わるわけではありません。【意識】は【ゼロ・ポイント】にありながら、**スクリーンを客観視している**という視点を持っています。

で、【意識】が「think」に飲み込まれちゃうと、「スクリーンの中に自分がいる」という感覚に陥ります。だから、引き寄せの法則に関して、「どうしたらいいですか？」という原因（スクリーン内における行動指針）を求められたって、答えようがありません。そうではなく、【今】に立ち返ってください、ということになるんです。

今、「幸せである」という状態が大切

Mana　私の場合、この【今】というのは、感覚で、ブツ切りの【今】という感じです。

それは、フィーリング次第で【今】の起こる出来事が違って見えてくるだけのこと、というのでしょうか。そんな感じですよね。

黒　斎　そうですね。だから、投影元からスクリーンをどう見たいの？　ということですよね。

Mana　でも、どうしても、みなさん軸を作りたがるんですよね。

私は【過去】から【未来】というのを水平軸と呼ぶんですけれども、どうせ考えるなら、【垂直軸】にしてくださいとお願いするんです。下からどんどんと上がってくるような感じというのでしょうか。つまり、積み上っていく感じです。そうすると、感覚的に、まだ、自分が【今】にいてくださるので……。これが一番！

黒　斎　あと、言葉を換えるときは、【今】は「ｂｅ（ある）」の状態。で、【思考】と同一化するほど、何をするかという「ｄｏ（する）」の状態といえるでしょう。だから、「原因と結果の法則」を僕たちは絶対的なものととらえているけど、それは**スクリーンの中で**どうしよう、こうしようとやっているから、うまくいっていないんだよ、と。

したがって、「何をすればいいですか？」という質問自体が違います。これが「どうあったらいいですか？」だったら、まだわかる。「どうあったらいいですか？」という質問であれば、「幸せであってください」と答えられるわけです。

だから【今】、「満たされない」という「be（あり方）」でスクリーンを見たときには、満たされない現実が見えてくるわけで、「幸せである」という状態でスクリーンを見たときには、幸せな現実が見えてくるわけです。

Mana　でも、みなさん、どうしても理屈を欲しがられますよね。

幸せにするために、私は**物の力を借りて下さい**とお話しすることもあります。

今、この瞬間に何が欲しいか、それを最初にやってください、ということをよくいうんですけれどもね。じつは物への欲求を抑えていることが多いので……。

するると、そこから、バタバタッとドミノ倒しみたいにその人に起きることが変化していくのが、見ていてわかりますし、自分自身の場合もそうなんですよね。この感覚を言葉で説明しろといわれても、なかなか難しいのですが……。黒斎さんのお話は、すごくわかりやすいし、本当にそうだなと思います。

黒　斎　そう、やっぱり理屈を求められますよね。でも、「理屈」はやっぱり【思考】の次元に存在しているもの。本当に求めているものはスクリーンの外にあるのに、それに気づかず、スクリーンの中で探している状態です。なので、そうじゃないよと。

結局、みなさんが「知りたい、欲しい」「教えてくれ、教えてくれ」というのは、解決の「手段」や「方法」を求めているわけです。

でも、あなたが欲しいのは「手段」じゃないでしょ？　その問題が解決されたという「結果」ですよね？　と。だから、「手段」ではなく「結果」を求めてください、と思います。

「お金を引き寄せるには、どうしたらいいですか？」「素敵なパートナーを引き寄せるにはどうしたらいいですか？」そういったご質問を受けることも少なくありませんが、「あなたの求めているものは、お金でもパートナーでもありませんよね」と。

何のためにパートナーが欲しいのか、何のためにお金が欲しいのか、気づいて欲しいのは、そこなんです。あなたが求めているのは、その条件の先にある（と思っている）「幸せ」という**状態**のことでしょ？　と。

そしてその「幸せ」は、心理状態のことですから、必要なのは「環境の変化」ではなく、「心（意識）のあり方の変化」ですよね、という。

意識のあり方が変わると、実際に、理屈に関係なく現実が変わっていきますよね。

Mana　そうですね。私も最初は個人的な願望のお話から入っていくのですけれども、理屈に合わないことがいくらでも起きるんです。

たとえば、100万円あったとして、40万円使って60万円残る。この理屈が奇跡だ！　と私は思うんです。先ほどお話ししたように、私は**【今】**はブツ切りだと思っているので、

100万円を作るということ、40万円を使うということ、それぞれがブツ切りの【今】になります。私にとってはここに何の脈絡もないわけなので、奇跡だと。

ただ、世の中では、これを計算が合う、ということなのだといっているんです。

黒　斎　いや、計算が合うというより、**そういうことにしている**んでしょうね。だから、今、100万がある。そして、40万円使ったという原因の元には、結果60万円が残ってなきゃいけない。こうやって「原因と結果」をつなぎ合わせているのが【思考】なんです。

Mana　【思考】なんですね。で、そのとおりになるんですけどね。

黒　斎　そう。だから、過去と未来は、本当は関連性はないんです。原因と結果は本当は結びついていなくてもいいんです。

それで、因果関係が理解できないときや、自分が保有する概念の中でストーリーを書き切れなくなったとき、人はそれを「奇跡」と呼ぶんです。

Mana　そうですね。じつは、そっちが普通なんですけどね。

黒　斎　うんうん。本当は奇跡しか起こっていない。

Mana　でも、どうしても生きていく上で、肉体を持ったということは、行動をするわけじゃないですか。その行動自体に、やっぱり男性的な昔の思考で、その行動のあとに、何か成果を出さねば、みたいなものはありますよね。

黒　斎　その成果というのが【結果】ですから。人生という意味での「時間」は、本当は切ることができない一つのもの。なのに僕たちは、それを分断していって、いくつもの「始まり」と「終わり」を想定してしまっている。

どういうことかというと、「幸せになりたい」という【結果】を求めているはずが、「まず最初に金が必要なんだよな。そのあとに、あれを買って、彼女を作って、結婚して、あなったらこうなるはずだ」、というふうに、ずっと【経過】や【過程】を演算していて、その演算から離れられない。だから、【結果】にたどり着けずにいるんです。

でも、そんな条件や過程なんか関係なく、いきなり幸せになっちゃっていいんですよ、本当は。

Mana　そうですね。でも、とりあえず、まずスクリーンから出ることさえも、なかなか大変。

黒　斎　そう。だって、映画館のスクリーンやテレビモニターからドラマの登場人物が出てくることはありませんからね。それができるのは貞子だけですから（笑）。

それは無茶なこと、できようのないことを努力している、というわけなんです。

大切なのは「スクリーンから出ること」ではなく、「そもそも自分はスクリーンの中にいる存在ではない」ということの気づきです。そこに気づくきっかけの一つとして、スクリーンを見ることから一度離れてみることをオススメします。これは「【思考】と自分を重ね合わせることをやめてみる」という言い方もできますね。

たとえば、映画館にホラー映画を見に行ったとしますね。ものすごくクオリティが高い映画って、その世界観にグイグイ引き込まれるじゃないですか。で、自分が映画を見ているという感覚を忘れて、映画の登場人物と自分を重ね合わせてしまう。物語に飲み込まれるほど、そこにリアリティを感じ、ハラハラしたり、ドキドキしたり。悲しみを味わったり、怒りを感じたり……。リアルじゃないものに溶け込んでしまっている状態です。

普段の僕たちは、そんな状態。今、僕たちが味わっている現実は、いわば「神様がつくった映画」だから、そのリアリティもハンパないわけで。３Ｄのメガネかけなくたってこの臨場感ですからね（笑）。こうやってリアルに感じている現実、これがスクリーンなんだから。

そのスクリーンから【今】に戻るコツは、一度人生という物語から離れてみることです。自分と物語を重ね合わせない。

ホラー映画を見ていて、本当に怖いとき「わあぁっ！」って目をつぶっちゃうことありますよね。で、「ああ、俺、今映画を見ているんだよな」という、客席にいて映画を見ている自分を取り戻す。意識に、「私は登場人物ではなく、映画を見ている側だ」というシフトが起きますよね。

それが映画館でなく、自分の人生で再現されるのが「瞑想」なんです。一度思考（自分で描いている「人生」という物語）から離れてみるということなんです。

人は何のために生まれてくるのか

――「幸せである」ためには条件や過程など関係ない。いきなり幸せになっちゃっていいということですね。では、続いて、これも多く受ける質問であるという、「人はなぜ生まれてくるのか」についてお願いいたします。

黒斎　後ほど違う角度からもっと衝撃的な話をしようと思っていますが、表現の一つとしては、「さまざまな刺激を受けに来ている」というふうにお話することができるかと。

Mana　ダウンしたときというのは、私からするとそれが静寂だと思うんですが、刺激を求めている方にとっては、落ちたと思えるんですよね。

それは満ち足りた状態なんだけれども、刺激を求める方にとっては刺激があるか、ないかの二極の中なので。

黒斎　それと、先ほどまでの【時間は幻想】という話が腑に落ちちゃうと、本当はこのご質問自体が成り立たないんですね。

時間（始まり・終わり）がないのですから、「何のために」は置いといて、「僕たちは、そもそも生まれていないんですよ」ということになっちゃう。

ご質問の趣旨とはズレてしまいますが、「何のために生まれてくるのか」を考える前に、まずは、「生まれている」と思っている「自分」がなんなのか、それを見つめ直すことから始めた方が良いかもしれません。

僕のブログの中でも「自分とは何か」ということをテーマにお話したことが何度かあります。

【自分】という感覚が生じるのには、大きく分けて三つの要因があります。

まず、【自分】の正体が何者かがわからないとしても、何かは存在しているんだよね、という「自分」の前提となる『存在感』がありますよね。その存在感のことを【意識】と呼びます。これが一つめ。

二つめは、その存在感を受け取っている【肉体】。

三つめが、その【肉体】を使って吸収してきた人生経験、さまざまな【知識】【記憶】です。

つまり、『私（というこの感じ）＝意識＋肉体＋知識（記憶）』です。

ですが、僕たちが「think」の次元にあるときは、この【意識】がおざなりになってしまいます。「生きている」「ここに存在している」実感が薄れてくる。

そして、その【意識】を除外した、肉体とそれに付随する観念だけが「自分」として一人歩きしだすんです。

そうなると、【意識】と【肉体】が切り分けられ、さらに、肉体の側に比重が傾く。その結果、「肉体がいのちを保有している」という概念に囚われます。

「生まれる」というのは、肉体にいのちが宿ること。また、「死」とは、その肉体からいのちが消滅すること、と考えている。でも、それは真実ではありません。

本当は、この【意識】こそが、僕たちの本性なんです。

Mana　【意識】（存在感）は古事記では「真名《まな》」というんです。で、アイデンティティは「仮名《かな》」というんです。仮の名。そして、【意識】のことを【いのち】というんです。

黒　斎　なるほど、そのままズバリ「真の自分（いのち）」と「仮の自分（アイデンティティ）」ですね。

私たちがとらえている自分

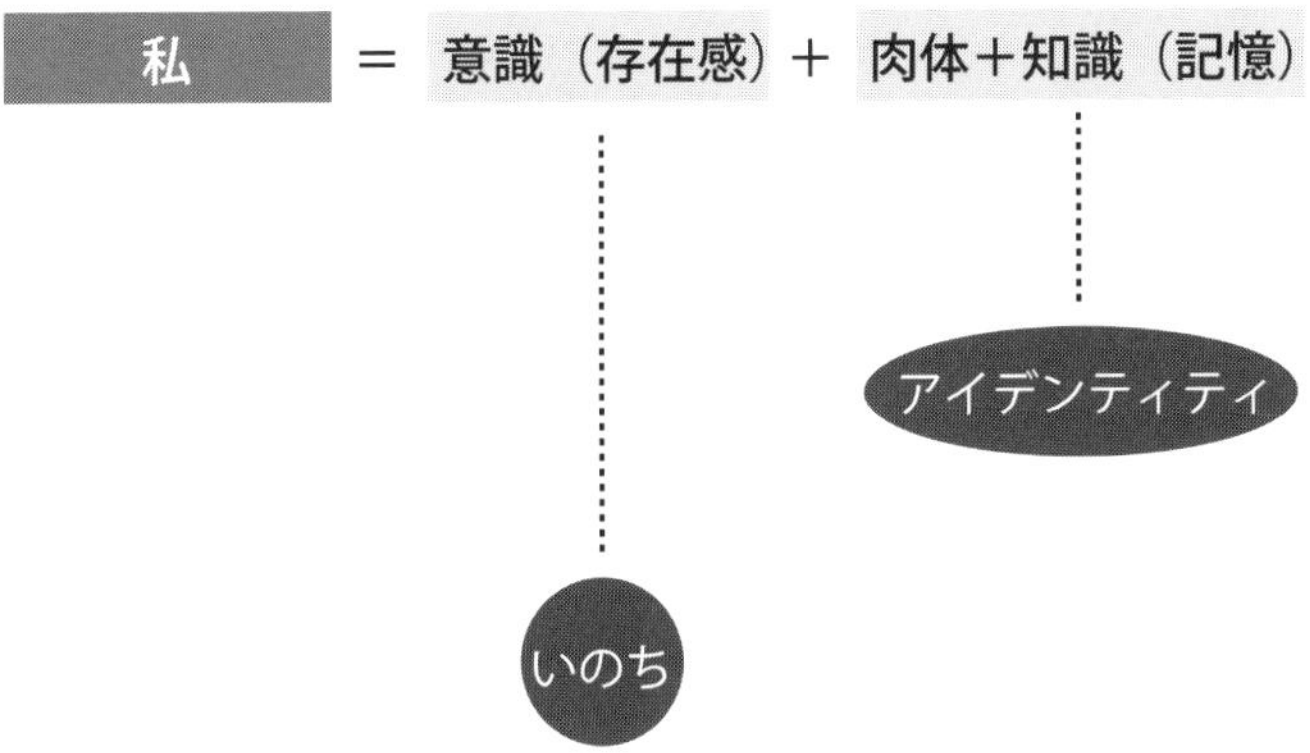

＊私たちはThinking（思考）の次元で物事を考えがちなので
アイデンティティを「自分」と思っている。
意識がリンクしていない。
アイデンティティと存在感が別個になっている。
しかし、肉体はなくなっても意識は残る。
これが【いのち】。
この【いのち】が肉体を所有している。

【意識】の側が「本当の自分」といわれる部分で、いのちそのものですね。

だから、**肉体がいのちを保有しているのではなく、いのちが肉体を保有している。**【いのち】こそが「自分」だから、「命を失う」ということができないんです。元々が【いのち】だから、「生まれる（どこかの時点で命が宿る）」ということ自体がないんです。

いのちという【意識】の側を軸とするか、【アイデンティティ】の側を軸とするか、その自分のあり方によって、人生観は大きく変わりますね。

そうそう、キリスト教に「三位一体《さんみ》」という言葉が出てきますよね。【父】と【子】と【聖霊】。

これは今までの宗教観だと、父というのは絶対王者である【神様】。それが作りたもうた【子】＝人間がいて、その間に【聖霊】がいる。

でも、これは存在が切り離された別物なのではなく、一つの同じ存在であるというのが「三位一体《さんみ》」の教えですね。【父】と【子】と【聖霊】は、「存在の違い」ではなく「意識の違い」なんです。

わかりやすくするために、たとえを「映画」から「ゲーム（スーパーマリオブラザーズ）」に置き換えてお話ししますね。

【父】は創造主としての意識、いわば「任天堂（ゲームクリエイター）」の視点ですね。スクリーンの中にいる【子】は、そのクリエイターが創りたもうた「キャラクター（マリオ）」。そして残された【聖霊】は、そのゲームを遊ぶ「プレイヤー」としての意識です。

キリスト教の教えの通り、【父】と【子】と【聖霊】は、同一の存在です。その中で、今まで人間は自分がゲームの開発者であることを忘れて、また、プレイヤーとしての自覚もなくなって、すっかり「マリオ」だと思い込んでいた。

ゲームの世界を現実だと誤認し、キャラクターと自分を重ね合わせてしまっていた。だからこそ、深刻で苦しい人生が展開されることになっていたんです。

自分のことをマリオだと信じ込んで、スーパーマリオをやったとしたら、絶対に〝Bダッシュ〟はできませんよ、怖くて（笑）。クリボーをそう軽々踏みつけられませんよ、逃げ回りますよ。イカを見ただけでドキッとしますよ。だって、それに接触するだけで死ぬという脅威がそこにあるわけだから。

僕たちがゲームを楽しめているその理由は、「ゲームをゲームとして認識できている」ということ、「プレーヤー」としての自覚があるからですよね。

自分がそのままゲームキャラクターではないという、「それを動かしている者である」という意識があるからです。

いわゆる「悟り」や「目覚め」というのは、ゲームキャラクターからプレーヤーへの意識転換、もしくはゲームキャラクターからクリエイターへの意識転換のことを指しているんです。

「今までこれを現実だと思い、自分をある特定のアイデンティティで認識してきたけど、そうか、今まで見てきたのはすべて幻想（バーチャル）だ」という、プレーヤーの視点を持って、そこから人生を楽しむ。ゲームをゲームとして楽しみ出すという人生が生まれます。

ゲームの中の世界を、現実だと認識しているところでは、そこに展開されているのは苦悩でしかありません。プレーヤーの視点を取り入れたときに初めて苦悩がチャレンジ（娯楽）になるんです。「思いどおりにならない」ということが娯楽の前提として成り立っていることに納得することになるんです。

さて、ここで、先ほどの「人は何のために生まれてくるのか」というテーマに戻りましょう。

人生の意味、価値、目的はなんでしょうか？

神はなぜ、この宇宙を創造したのでしょう。

それは、僕たち人間がゲームを開発した理由と同じです。

それは壮大な娯楽であり、想像を超えたレベルの暇つぶし。そして、神がその壮大な娯楽の中に求めたのは、「自由」という経験です。

じつはね、神様ってものすごく、不自由なんです。なんせこの広大な宇宙全体を動かしている張本人ですからね、寸分の狂いも許されないんです。

惑星の軌道を「あ、やべぇ、ちょっと間違えちゃった」なんてことになったら大変ですよね。この宇宙全体をこれだけ緻密に運営するための流れというのは、どれだけのことだと思います？

それをやるためには、じつは「選択肢」というものがないんです。

神様は永遠に、「最善」「最良」の道しか歩めない。寸分たりともはずれることのできない、絶対的なレールがあるわけです。いつだって、「最善で、最良」の一本道。その道しか歩めない神が、そこに飽きたんです。

どれだけ歴史が積み重なっても一向に苦しみや争いはなくならず、いつだって思いどおりにならないことばかり。神がこんな不完全な世界を創造した理由は、自由が欲しかったからなんです。

「自由」って何かというと、言葉を換えると、「選択ができる」ということです。でも、神様には、最善で最良の道一本しかなかった。だから、自由を経験するためには、「最善で最良以外の他の道」が必要だった。

そしてできあがったのが、僕たちが認識している、この現象界です。

新たに出たその無限大の道のどれを取っても、最善で最良じゃない道。でも、あえてそこを歩んでみたいというのが、神の思惑です。

これはロバート・シャインフェルド（スピリチュアルカウンセラー／『「ザ・マネーゲーム」から脱出する法』などの著者）さんなどと同じ話になってくるんだけれども、ゲームというのはそもそもストレスのためにある。ストレスを楽しんでいるわけでしょ？　すべてが思いどおりになるゲームがあったらおもしろくないし、障害のないゲームなんてゲームといえないでしょ、ということです。

ですから、今の僕らのこのストレスがひどい状態というのは、ゲームとしては最良の状態なわけです。思いどおりにどうしてならないんだ？　というのは、ゲームだからだよ、ということ。

で、「解脱《げだつ》」とは、「もうゲームをやめなよ」を意味しているんです。そのゲームのソフトを替えようが、何をしようが、どんな遊びだってストレスがつきまとうよ、と。それが、お釈迦様が残した「人生は苦である」という真理。

苦しみとは何か

黒　斎　「人生は苦である」というのを平たくいうと、「ゲームとは制約だらけである。元々〝思いどおりにはならない〟ということが前提なのだから、ストレスがあって当たり前」ということです。そのストレスがいやだったら、もうゲームはやめなさい、と。でも、僕たちは人生というゲームをゲームとして認識していない。これが現実だと思い込んでいる。そして、肉体を失って初めて、プレーヤーの視点に戻るんです。

スーパーマリオのプレイ中、「テレッテテレッテレ♪」ってマリオが死んでも、プレイヤーはそのままですよね。一緒に死んじゃうなんてことはないわけで。

それと同じことが、僕たちの死の瞬間に起こります。「え？　あれ？　死んだ？　こうして意識があるということは……、一体何が死んだんだ？」という。そこでようやく、我に返る。「そうだよ、ゲームしてたんだよ」ってハッと気づく。

そこで、たくさんの未練が湧き起こってくるんです。「ちくしょう、ゲームだとわかってたら、あれもしたし、これもしたのに！」って。

で、そのタイミングでゲームの画面にはこんなメッセージが現れてる。「continue?（続ける?）YES・NO」と。

で、カウントダウンが始まる。「10、9、8、7……」と。その間にコンティニューするかしないか、イエスかノーを選ぶ。

それを選択するときは、すでにキャラクターではなくプレイヤーとしての自覚があるときですから、けっこう軽い気持ちで「イエス」ってしちゃうんですよね。

そして、さまざまな後悔・未練を解消すべく、またゲームを始める。でもゲームが再開されると、やっぱりこのリアリティと面白さ。すっかり世界に巻き込まれて、プレイヤーとしての自覚を失って……と、同じことの繰り返しなんですね。これが「輪廻転生」の舞台裏。

そのサイクルから抜けて、解脱《げだつ》するには、完全にゲームを満喫する……すなわち、もうとことん遊び尽くしました、となって手放すか、あるいはとことんゲームが嫌いになるか、のどっちかしかないんです。

バシャールがいう、「ワクワクしなさい」というのは、ゲームをゲームとして楽しみ尽くさないと次には行けないよ、ということなんです。それで、「人生を謳歌しろ」というのがキーワードになるんだけれども、その自覚のない人に、「この世はゲーム。だからこそ、その苦悩を満喫しなさい」なんていってたら、失礼な話にあたるわけで。

それも一つの本当の道ではあるんだけど、「苦しいんですか？　悲しいんですか？　怒っているんですか？　それを、ぜひ味わってください」といったって、「そうですか。じゃあ、それを味わいます」とはならないでしょう。

Mana　黒斎さんのおっしゃるように【神様】がいっぱいつくった道があって、クリエイターであること、プレイヤーであることを私もみなさんにお伝えするのですが、やっぱりキャラクターから離れられないみたいで……。キャラクターのようにやってみたいと思うようです。

黒　斎　それはそう。だって、もともと僕らは遊びたくてゲームを開発したんだから。そのためのキャラクターですから。

ここがやっかいなところなんですよね、神様というのは「人格の一つ」なのではなくて、分離していない一つの状態、存在のすべて。そして、ゲームを開発したのも、遊ぶのも、その「存在のすべて」。

そこに、一つの問題が起きたんです。ゲームを開発した張本人がそのゲームで遊ぼうとしているわけだから、ちっとも面白くないわけです。

開発者だからこそ、どうやったらうまくプレイできるか、このあとどんな展開が待っているか、どうすればミッションをクリアできるか、ありとあらゆることを、あらかじめ全部知っちゃってる。裏ワザも何もあったものじゃないわけです。

そこで神様は、このゲームを存分に楽しめるよう、ゲームの第一ステージに、あるプログラムを埋め込みました。それは「記憶喪失プログラム」。自分がこのゲームの開発者であるという記憶を抹消するステージです。

このステージの目的は、自分がこのゲームの開発者であること、あらゆる可能性と創造性を持つ神であることを忘れることです。忘れれば忘れるほど、高得点を得られるステージ。

そして僕たちは、見事その目的を達成しました。これほどまでに自分が神だとは思っていないのですから。

つまり、ゲームの第一ステージをクリアする条件を手にしているのです。

その第一ステージをクリアしたら、次に初めて「プレーヤー意識」という、新しい自覚を得て第二ステージに入り、ゲームをゲームとして遊べる時代を迎える。それが「アセンション」です。

だから今、Ｍａｎａさんや、Ｍａｎａさんと同じようなお話をしているほかの方々も、ちょっとだけ先に、第二ステージに入った人たち。「この世はゲームの世界だったんだ。

だからこそ、もっとリラックスしてイキイキ楽しもうよ！」というように。

でも、この言葉は、プレーヤーの視点だからこそいえるもので、苦しみの最中にあるキャラクターの視点からでは、表面的に真似をしただけでは、結局やせ我慢にしかならない。「情報」ではなく、「理解」が必要なんですよね。

Mana このクリエイターの意向って、感覚でわかるじゃないですか。それにしたがうのが一番楽だな、と最近思うようになって。

黒斎 そうですね。だから、「私には気づきが訪れないんです」と相談される方も少なくないですけど、それはそれで、神様の当初の思惑どおりなんです。「まだ思い出さないで」といっているんだから、無理に思い出さないほうが楽かもしれない。

Mana **今までのいろんな記憶のデータがいっぱいあるので、「幸せになってはいけない」と思っている方がすごく多い**んですよね。自分もかつてめちゃくちゃそうでしたもの。それがたぶんプログラムだとなんとなくわかっていても、恐ろしかった。

最近まで、「怖いな」というところがちょっと残っていたんですけれども、今ではそこはもう抜けて、「お任せ」するという気持ちになりました。

黒斎 あー。それは僕もです。その【お任せ】ができるようになったのは、ここ数年のことで。

これは阿部さんともよくお話をするテーマなんですけれども、僕たちの人生において活用したい、大事な軸が二つあります。

一つは、絶対的な神、100パーセント自分を愛してくれている味方としての神。そういう神が実際に存在するということを信じられるかどうか。それが一つ。

そしてもう一つは、「今の自分に」その神の御意を受け取る資格がある、ということを認められるかどうか。

で、神の愛を【受け取る】という話なんですけれども、【受け取る】というのは、【自己肯定】のことなんです。

「至らないところも含めて、今の自分を100パーセント愛しているか、赦《ゆる》せているか」、「今のままの自分でいいんだ!」ってことが腑に落ちているか。もう単純にそれだけです。

Mana そうですね。やっぱりそれが基本ですよね。ここに存在するということで。

黒　斎 そう。「あ、俺、ダメで正解だったんだ」「完璧じゃなくて良かったんだ」というその理解が、プレイヤーの視点です。

Mana そうですね。完璧だったら何も起きない。たとえば、私はとても完璧に人生がうまくいっちゃった人が、じつはものすごく苦しいということを、二人の当事者からうかがったことがあります。全部自分の思ったとおりになるんですって。

それまで、あれができない、これができないという相談なら受けたことはあったけれど、じつは全部できちゃった人の苦しさのほうが苦しいんだということが、そのときにわかったんです。そして、ああ、「ない」というのはものすごくありがたいことじゃないか、と。「ないと思える」ことのありがたさ……。カルチャー・ショックだったんですけれども、わかりました。

黒　斎　そう、僕たちはみんな、それを経験しに来ている。だから、そのすべてが叶ってしまう方の苦しみというのは、もともと苦しみたくてこの現象界に来たのに、「苦しめないこと（そもそもの目的が達成できないこと）が苦しい」ということでしょうね。

Mana　本当にそうなんです。

だからその方の場合、どうしたら苦しくなるのかと人に尋ねて、「不倫をしたら苦しくなるよ」といわれて、不倫をしてみた。でも苦しくならなかった。じゃあ、「一文無しでホームレスになってごらんよ」といわれて、本当にその方はそれまでの恵まれた生活のすべてを捨てて、ホームレスになったんです。それでも、すごく幸せだったそうです。だから、苦しい。

なるほどな、と。だから苦しみを知らない。それは偏りなんですよね。だから両方経験するのだなというのが、よくわかったんです。

「受け取る」ということ

Mana　私が、最近一番感じているのは、【今ここ】にいられない、ということと連動するんですが、【受け取る】ができない人が多いということです。

「愛」は授受なので、「与える」ことと「受け取る」ことは一対です。でも、「愛する」という能動的な思考と行動は頭ではやっている気になっていても、じつはわかっていない。そして受動的な「愛される」という感覚は頭ではわからない。「愛される」ことができれば、本当に「愛する」こともできるようになります。

でも、「どうぞ、愛されてくださいね」というと、みんなフリーズするんです。イメージでいいので、たとえば目の前にあるこの壁が、自分のほうを見て、「愛している！」といっているのを感じてみてくださいね、とお話しするんです。でも、みんな、「うーん」となる……。それは本当にエネルギーの交流で、愛し合えない人はいないし、〝物〟も、愛し合えない物はないんです。

私自身のことでいえば、最高にきれいなオーロラを見に行ったときのことです。

オーロラ自体も生き物というか、空間も生き物じゃないですか。それで、自分がこよなく愛しているという気持ちは共振を起こすので、愛によって物質化する感じというか、物理化する感じがあるわけです。これから見ようとしているオーロラに、こんな条件があれば、とか、こう見えないんなら愛してやらないとかいうのではなく、その最高の状態のオーロラにも、もちろんワクワクしているんだけれども、その途中に見えるどんな様子のオーロラにも、「好き」と思っていると、もう最大の姿を見せてくれるんです。

そういうことがやっぱり100パーセントの愛というものなんだなと思いました。

誰もみな、自分で世界を創っています。創るといってもそれはエゴからではありません。そうすると、周りのものすべてが自分の愛から創られたものであるから、創られた側はこっちを愛しているわけですよね。でも、今のところ、その愛は創られた側の片思いという感じがするんです。

「あなたが思ったとおりに、愛したとおりに愛されるよ」というだけのこと。そんなシンプルなことが、つまり、喜ぶとか、幸せでいるということを忘れているがゆえに、愛が来ていてもわからなかったりする。すぐそばにあるのにわからない、ということがある。波動がわかっていないんです。ここのところが、今、私が一番お伝えしたいことでもあります。

でも、人間の思考を納得させるやり方も必要なんですよね。みんなに貢献することが幸せなんだよということを、納得していただくためにいうんです。「貢献する前に、自分が幸せじゃないとあげられないよ。だから、先に受け取ってね」と。「受け取る」こと、要するに「愛される」ことについて、人間の思考を納得させるために、この論法でお話ししているんです。

黒　斎　まず先に、自分が幸せになる。そうじゃないと、与えることなんてできない。本当にそのとおりですね。

僕は最近、似たようなことを雲さん（黒斎さんのガイド〈守護霊〉さん）から「携帯電話の回線」にたとえたお話で聞かされました。『通信回線の変化になぞらえるように、人間の意識が変化するぞ』って。

僕たちの生活に携帯電話が定着してから何年か経ちましたが、その短い歴史の中で、携帯電話の進化とともにその回線も、もの凄く変わってきてますよね。

一昔前は、電話ができればいいだけだったから、アナログ回線でも良かった。でも携帯電話が進化していくにつれて回線もデジタル化し、また、その通信規格もかわってきました。ドコモでいえば、以前は「ＭＯＶＡ（ムーバ）」なんてアナログ回線がありましたが、今はもうサービスそのものが終了してしまいましたね。

その時代と比べると、携帯電話はものすごく変わってしまって、スマートフォンなんて、もはや電話というよりパソコンに近い。

そこでやり取りされるデータをより早く、より多く受送信できるようにするため回線も強化され、数年前には「第三世代移動通信システム」なんていう規格が出てきました。通称「3G」と呼ばれる通信システムですね。3Gの登場もつい先日のように感じますが、もはやそれももう古い、なんていわれて。

最近では、ソフトバンクのCMなんかで、目にしませんか?「LTE」という新しい通信規格が出てきたんです。これは「『3G』よりもっと速くて、もっと多くのデータがやり取りできるという回線ができましたよ」というもの。

時代は、3GからLTEへ。それが、精神世界においても訪れるぞ、というのが雲さんの話です。旧システムから新システムへ移行し、社会構造が変わっていく。それがアセンションだよ、と。

で、雲さんて、ダジャレが好きなんですね。なんでもユーモアで伝えようとするんです。それをダウンロードしたのは、ついこの間なんですが、うちの妻子と一緒に買い物に行って、その帰り道、自転車に乗っていたときのことです。運転している最中に、このダウンロードが始まっちゃって。こういうダウンロードって、いつも急に来ますよね。

Mana　本当に、そう。私もです。でも、道路に書けないじゃないですか(笑)。

黒　斎　そう！（笑）。だから、妻に「ちょっ、ちょっと待って！」とお願いしてから一度ブレーキをかけて、「今ダウンロードが始まったから、忘れる前に書き留めるから」って（笑）。バッグからメモ帳を出して、書いたのが、この「3G」の話。

昔、「3K」というのがあったじゃないですか。嫌な職業でしたっけ、「きつい、汚い、危険」みたいな、ああいうやつで、頭文字が「G」の単語のことなんです。

そのとき雲さんが伝えようとしていたのは、人間の意識の変化について。なんというか、今までの時代、人が生きるうえでのモチベーションや、「いい人像」みたいなものが、この「3G」だったんだ、っていうんですね。

その軸は三つあって、**一つは【義務】の「G」。もう一つは【犠牲】の「G」。それと、もう一つは、【我慢】の「G」**。この三つが今までの時代、良しとされていたものだよ、って。

そういわれると、確かに僕もそういう意識がどこかにあったな、と。

会社での自分の立場も、より多くの義務を遂行でき、自分はいいからみんなが先に幸せに、みたいな犠牲心がどこかにあり、どんなストレスにも、過酷な状況にも負けない忍耐力があり、みたいな。

会社だけではなく、家庭内においても、そういうことってないですか？　たとえば、「お母さん」という立場の中に。掃除洗濯等、日常的な家事はもちろん、母として、妻としての義務を背負い、「私だって、本当はあんなこと、こんなことがしたいのよね」という自分の気持ちは押し殺して、子どものために、家族のために……、って。

「我慢」ができない、「義務」も怠る、そういう人は母として失格。認めちゃいけないみたいな、逆に、それがちゃんとできている人はエライ人、人徳のある人みたいな、そういう価値観。

お母さんにかぎらず、特定の立場における「義務」や「犠牲」や「我慢」ができていないと、「まだまだ人間ができちゃいないな」「もっと成長しなくちゃね」みたいに他人や自分を責めちゃうような、スポ根チックな考え方。

そんな考え方が、これからどんどん変わっていくよって。

で、「LTE」も、やっぱり単語の頭文字でした。

新しい時代におけるキーワードはこの三つ。「L」は【LOVE：愛】、「T」は【THANKS：感謝】、「E」は【ENJOY：楽しむ・味わう】。

人々のモチベーションは、これから「3G」から「LTE」に切り替わっていくよ、と。この意識の変化によって、世界中で「アリとキリギリスの逆転現象」が起きだすよ、って。

Mana　やったー！　私はずっとキリギリスでいたかったので（笑）。

黒斎　僕自身も長いこと「3G（義務・犠牲・我慢）」の価値観を大事にして生きてきた

と思います。でも、意識のシフトが起きた今では、やはりこれらは、よくよく考えると、今の時代に合わないな、ということに気づいてきました。

人は幸せになりたいはずなのに、ここにあるキーワード（義務・犠牲・我慢）は、どれも幸せと直接イコールで結べないものばかりだよね、ということに気づいてきたんです。

どちらかというと、幸せは、これらのキーワードを消化した際に与えられる「ご褒美」みたいになっていて。これらが義務・犠牲・我慢それ自体が「幸せ」か、と考えると、確実に「違う」といい切れる。

そして、この「3G」から「LTE」への変化は、もうすでに始まっていることが、生活の中で感じられるようになってきました。

一概にはいえないですけれども、傾向として多いということでお話しすると、年齢的にいうと、50代以上が「3G」の世代、20代以下が「LTE」の世代。ここには価値観（特に幸せの見出し方）に大きなギャップがあります。

これはスピリチュアル的な観点からの予言をお話ししているわけじゃなくて、今実際に起こっていることなんです。

たとえば、50代以上の方から見たら、もう20代以下の若者の状況が軽々しく見えてしょうがないわけです。腹が立つ。プラス、経済観念にも納得できないんですね。

「最近の若者にはやる気が見えない。意欲も感じられない。酒も呑まない、高級車に関心もない、デカイ家を建ててやるぜ！　なんていう気概もない。食べ物だって『ファミレスで満足』なんていっちゃって、あらゆる面で欲がない。だからほら、それがそのまま消費低迷につながって、日本経済はガタガタになっているじゃないか」みたいに感じているんじゃないでしょうか。

「草食系男子？　イクメン？　バカいってんじゃないよ！　男たるもの、もっとガツガツ行けよ！　しっかりしろよ！」というのが「3G」世代のオジサマ層なわけで、彼らにはとにかく「LTE」の世代が頼りなく映ってしょうがない。

実際に経済界のおじさまたちは日々「頼りないあいつらを刺激して、欲を持たせるにはどうしたらいいんだ？　もっと消費を促すにはどうしたらいいんだ？」とやってるわけですから。

でも、「LTE」世代の子たちから見てみれば、「3G」世代の生き方が重苦しく感じられてしかたがない。「なんでそんなに必死になってるの？　大きな目標や夢を掲げて必死になるのはいいけれど、それでホントに幸せな人生なの？　そんなにストレスを抱えてまで必要なものなの？」って、そんなふうに見えてたりする。

やる気がないのでも意欲がないのでもないんです。もちろん、そういう方もいるでしょうけど。

この両者の間には、「幸せの見出し方」に大きなジェネレーションギャップが存在しているんですよね。

そのギャップはやはり「3G」と「LTE」というモチベーションの持ち方の差から来ているんです。

このこと、少し「仕事」という観点からお話してみたいと思います。

これからは、選択の基準が「LTE」になる時代

かつては僕も、どっぷり「3G」の考え方を持って仕事をしていました。

会社員として毎月お給料を戴いていたわけですが、その「給料」というものの意味合いは、いってみれば【義務・犠牲・我慢】に対してのご褒美みたいなものだったんですね。

「これだけ頑張ったんだから、たくさんお駄賃ちょうだいよ」みたいな。

つまり、お金は「ストレス」に対する対価だったんです。

僕自身が脳障害に至るまでストレスでおかしくなった原因の一つは、まさにその考え方

にはまったことなんです。

今以上、もっと給料を上げてもらうためには「もっと頑張らなきゃいけないのかな」って。その「頑張り」ってのはやっぱり「3G」で考えられていて、もっと犠牲を払って、もっと我慢して、もっと義務を果たせるような人間になったら、そうしたら、もっとたくさんの給料を貰えるはずだよねって。そうやって自分を傷めつけていったわけです。それでおかしくなっちゃった。

で、そういう考えを元にお金を見ているから、今度、自分がお金を払う立場となったときも、お金の尺度が「ストレス」に換算されているんです。

何かを買ったり、サービスの提供を受けるとき、それが高いか安いかをジャッジする基準が、「ストレス」という尺度だったんです。

相手がこのサービスを僕に提供するまでに、どれだけの「ストレス」があっただろうか？ というのを計算を無意識にしていた。だから、「ストレス」がかかっていないないと思われるものに高値をつけられると、ムッとして、「そんなもの払えるわけないじゃん」となっていた。

逆に、たくさんのストレス（義務・犠牲・我慢）がかかっていることがハッキリとしていれば、「そりゃあ、高くもなりましょう」と納得して、そこで初めて買い物をするわけです。どれだけの人が犠牲となって、我慢をして、それも一人の苦労じゃなくて、会社全体が築き上げたものだったら、より納得して金を払う。それが見えなかったら払いません、というわけです。

でも、僕のモチベーションが「LTE」に変わったら、その考え方も一気に変わってしまいました。お金の価値が「ストレスの対価」ではなくなってしまったんです。

たとえばですよ、仮に、コンビニにお買い物に出かけたとします。お店のレジに二人の店員さんがいました。

で、見るからにわかりやすく、一人は「3G」を生きている人、もう一人は「LTE」を生きている店員さんです。どちらのレジも空いていたとしたら、どちらに支払いに行きたいでしょうか？

一人は仕事を「義務」として捉え、本当はこんなことしたくないんだけど、なんて「我慢」しながら、でも家族のためだからなんて感じで自分を「犠牲」にして、そういう悲壮感を漂わせながら、「やりたくないけど、一生懸命頑張ってます！」という人。もう一人はお客様に感謝を持って、愛情を込め、仕事を楽しみながら、「いらっしゃいませ」とやっている人。

そのどちらにお金を払いたくなるかといったら、やっぱり「LTE」の人じゃないですか。

そうして、モチベーションが「LTE」にシフトすると、今まで「ストレス」で計算されていたお金の尺度から、お金は「感謝」の尺度になるんです。支払いの際にも「あなたのこの提供に対して、私はこれだけ感謝を示せますよ」という、全然違うお金のやり取りになってくるんです。「支払い」の際に「持っていかれた」という感覚がなくなっていくという感じでしょうか。

そのほうがすごく愛情豊かで、友好的な関係ですよね。

「ストレスに対するご褒美」というのと、「私はこれだけの感謝を示せます」というのでは、全然違う行為になっているわけです。「支払い」という行為は一緒なんですけどね。

ストレスの押し付け合いから、愛と感謝の交換へ。奪い合う関係から、与え合う関係へ。これからはそういう時代になっていく、いや、すでにそうなってきていると実感しています。

ありのままの自分を認め、本当に自分のしたいことを、愛と感謝を持って楽しむ。さらにそれが、自然と豊かさに繋がっていく、そんな時代の到来。

世代交代と意識のシフトが促進され、そういった意識を持った人たちが増えていくにつれ、社会システムはどんどん「LTE」仕様に変化していくでしょう。そうなると、むしろ「3G」を保持し続けるほどに生き辛い世の中になると思います。

そこで、これからの人生で「どちらを選ぼうか」という選択肢が現れた際には、「よりLTEに近いほうを選択してください」というふうにオススメしています。そのほうが、きっとスムーズで幸せな流れになると思いますよ、と。

それでもどっぷり「3G」に馴染んじゃってる方は、「わかりました。それでは私は、愛と感謝と楽しみを選択することを、これからの【義務】とします！」、なんて感じで、今までの考え方から抜け出せなかったりもするのですが（笑）。

どうせなら、義務と犠牲と我慢を【ENJOY】していただきたい（笑）。


Mana　それで思い出したことがあります。3冊目の本の最後の仕上げを奥琵琶湖で書いていたんですけれども、感動したことがあります。

奥琵琶湖で70～80歳ぐらいのおじいさんがお庭の掃除をしていたんですけれども、もう後ろ姿が、愛そのものなんです。ああ、人ってこうやって後ろ姿で感動を与えるのには勝てないな、と思いました。私なんかがどれだけ偉そうなことをいっても、このたたずまいには勝てません。そういう人たちがお掃除をしていたんです。

私はそのときログハウスに泊まっていたんですけれども、そのログハウスのお掃除も、おじいさんがしてくれているはずで、お掃除をしている現場は見ていないんですけれども、部屋に入ると、愛のエネルギーを感じるんです。普通だと、「ああ、きれいだな。掃除してあるな」で終わるんですが、もう、そんな部屋は汚せない。しかも、トイレ掃除をして帰ろう、とまで思わせられちゃう。うわあ、何だ、これ？　という感じです。

それも人知れずされていることじゃないですか。本当にこの「愛」と「感謝」でやってくださっている人たちに、これまでの自分は何を偉そうに思っていたんだろう、「ごめんなさい」という感じでした。でも、また、すぐに忘れてしまうんですけどね。日常の中でケロッと忘れてしまうんですけど。

でも、「ＬＴＥ」のおじいさんのような方たちは、相手からの感謝を求めていないんですよね。見られていようがいまいが、そうすることで、自分が喜びを感じている人たちが多いというのでしょうか。

それはいずれ、みなが感じていくことなんでしょうけれども、「いいことだから」じゃなく、「楽しく、やりたいから、やらせていただいている」んですよね。

黒　斎　「情けは人のためならず」という、そこを本当に生きているということなんでしょうね。

あっ、うちもですよ！　うちのハイヤーセルフさんもとってもダジャレ好きで、メッセージはいつも何かにひっかけたものになっていて笑わせてくれるんです。

僕の守護霊の雲さんはダジャレ好き。見た目も黄色いTシャツを着て、満面の笑みをたたえたユーモラスなおっさんです。

●著者略歴
福井県生まれ。名古屋市在住。大学では英文学と心理学を専攻。幼少期より精神世界や見えない世界への強い興味があり、学生時代から本格的に探究の道に入る。

現在は、スピリチュアルと量子物理学の立場から「空（くう）」理論を追究し続け、「空」セミナー、古事記セミナー、各種講演、情報会、執筆活動などで活躍中。

著書に、『「空」舞い降りた神秘の暗号』、『「空」天翔ける歓喜の弥栄』、『「空」豊穣の狩人』、『深・古事記（神ながらの道）』（いずれも三楽舎）がある。

＊＊＊＊＊＊＊＊＊＊＊＊＊＊＊＊＊＊＊

宙《そら》が教える「受け取る」の仕組み

2013年7月 9日　初版第1刷発行
2013年7月19日　第2刷発行

著者　Mana

発行人　伊藤淳
発行所　株式会社 晋遊舎
〒101-0051 東京都千代田区神保町 1-12
電話 03-3518-6611（編集部）
電話 03-3518-6861（営業部）
http://www.shinyusha.co.jp
印刷・製本所　共同印刷株式会社
DTP製作　伏田光宏（F's factory）
ISBN978-4-86391-712-5 C0095